아이와 아빠가 함께 접는

신나는
종이접기

아이와 아빠가 함께 접는

신나는
종이접기

1판 1쇄 인쇄 | 2018년 7월 17일
1판 1쇄 발행 | 2018년 7월 24일

지은이 고이녀·박은경·송미령·조은주
기획&디자인 상:想 컴퍼니
일러스트 이시은
감수 (사)한국종이접기협회
펴낸이 김기옥

실용본부장 박재성
편집 이나리, 손혜인, 박인애
영업 김선주
커뮤니케이션 플래너 서지운
지원 고광현, 김형식, 임민진

인쇄·제본 민언프린텍

펴낸곳 한스미디어(한즈미디어(주))
주소 121-839 서울시 마포구 양화로 11길 13(서교동, 강원빌딩 5층)
전화 02-707-0337 | 팩스 02-707-0198 | 홈페이지 www.hansmedia.com
출판신고번호 제 313-2003-227호 | 신고일자 2003년 6월 25일

ISBN 979-11-6007-294-5 13630

아이와 아빠가 함께 접는

신나는
종이접기

고이녀 · 박은경 · 송미령 · 조은주 지음

한스미디어

CONTENTS

PART 1
동식물을 만들어 봐요

땅에는 어떤 동식물들이 있을까요?

* 책에 나와 있는 재료의 종이는 기본 사이즈이며,
  종이를 비율대로 크고 작게 활용해서
  다양하고 재미있는 종이접기를 해보세요.

하늘에는 어떤
생물들이 날아다닐까요?

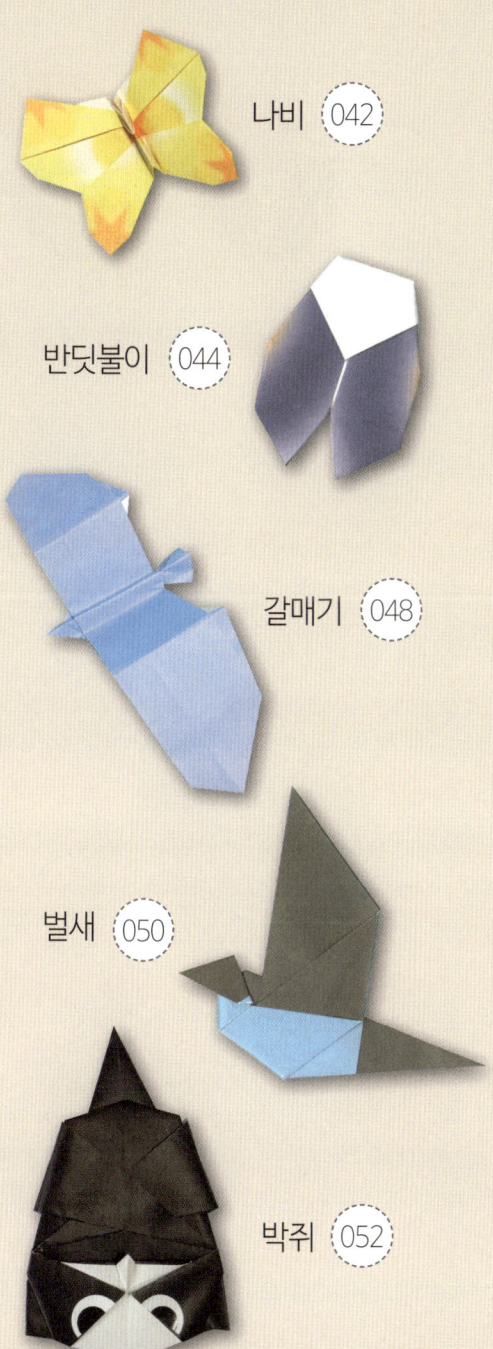

나비 042

반딧불이 044

갈매기 048

벌새 050

박쥐 052

바다에는
어떤 동물들이 살고 있을까요?

물고기 058

가오리 062

펭귄 066

바다거북 068

고래 072

PART 2
탈것을 만들어 봐요

**땅과 도로에서는
어떤 것을 타고 다닐까요?**

오토바이 096

트럭 080

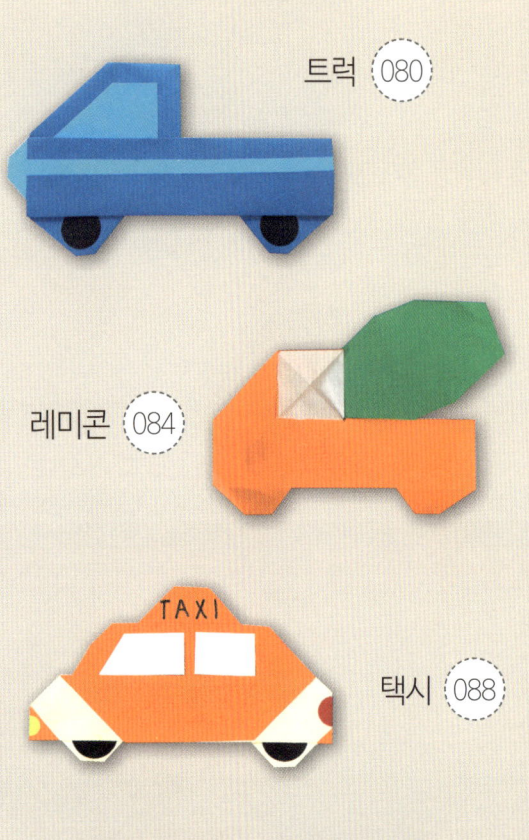

레미콘 084

택시 088

**강이나 바다에서는
어떤 것을 타고 다닐까요?**

요트 104

포클레인 092

여객선 106

하늘과 더 넓은 우주에는
어떤 탈것이 있을까요?

종이접기로
행복을 나누세요

사단법인 한국종이접기협회의 설립과 더불어 종이접기가 우리나라에서 교육적으로 보급되기 시작한 지 어언 30년이 되어 갑니다. 지난 30여 년간 우리나라의 종이접기 교육은 다른 나라에서는 시도하지 못했던 연령별, 대상별 체계적인 교육시스템의 연구개발과 보급으로 전 세계적으로 주목받는 종이접기 창의교육으로 발전하고 있습니다. 유아부터 어린이, 청소년, 성인, 노인에 이르기까지 종이접기의 유익함은 남녀노소를 불문하고 창의력 향상과 집중력, 인지능력 향상으로 나타나고 있습니다. 특히 요즘은 부모님들께서 이러한 종이접기의 장점을 아시고 어릴 때부터 자녀가 종이접기를 즐겨 할 수 있도록 권장하고 있는 추세입니다.

과학적 사고와 수학적 공감각을 키우는 데 가장 좋은 놀이교육으로 인정받고 있는 종이접기는 어렸을 때부터 난이도별로 쉬운 것부터 차근차근 접해 나가는 것이 좋습니다. 아이 스스로가 재미를 느끼고 놀이처럼 종이접기를 즐길 수 있다면 가장 좋은 일이지만 종이접기의 유익함을 아시는 부모님께서 함께하신다면 자녀와의 공감대를 형성하면서 자연스럽게 종이접기의 매력에 빠지도록 할 수 있습니다. 이번에 출간된 『아이와 아빠가 함께 접는 신나는 종이접기』는 엄마에 비해 아이와 함께하는 시간이 부족한 아빠들에게 짧은 시간 동안 가장 유익하며 효과적인 종이접기 놀이 교육 활동으로 아이와 함께 행복한 추억을 공유할 수 있도록 기획되었습니다. 이는 자녀교육에 있어서 아빠의 역할이 중요시되고 있는 시대적 흐름을 잘 반영했다고 생각됩니다.

특히 종이접기 교육현장에서 오랜 기간 활동하신 한국종이접기협회의 연구진 네 분이 작가로 참여하여 아빠와 아이들이 좋아하는 것들을 생각하며 동식물과 탈것들, 우주항공에 이르기까지 자연과학과 기계공학을 주제로 다양한 난이도의 새로운 작품들을 창작해 낸 것에 박수를 보냅니다. 아빠와 함께, 엄마와 함께, 우리의 소중한 자산인 아이들이 종이접기로 행복한 시간을 보내며 미래 사회의 창의적 인재로 성장해 나갈 수 있도록 시작부터 끝까지 아이와 함께해 주시기를 바라며 책 한권이 끝났을 때 아이보다 더 종이접기를 사랑하게 되시리라 확신합니다. 종이접기로 행복을 나누는 멋진 아빠 되세요.

(사)한국종이접기협회
회장 오 경 해

한 장의 종이는 나비가 되고 꽃이 되어 피어납니다.

한 장의 종이로 시작되는 종이접기는 즐거운 놀이가 되고 아름답고 신비한 자연을 바라보는 마음의 눈을 열어주며 무한한 상상을 실현하는 공간이 됩니다. 아빠와 함께하는 종이접기가 행복한 일상을 경험하는 소재가 되고 가족과 친구들이 하나 되어 나눔과 공유의 시간을 누리기 바랍니다.

종이접기를 시작한 지 20여 년.

배우는 즐거움이 있었고, 가르칠 수 있는 보람된 기회도 주어졌으며, 새로운 작품들을 만들기 위해 고민하던 시간들이 이제는 한 권의 책으로 묶여지는 결실도 맺었습니다.

종이접기를 통해 인연이 되어 준 많은 분들, 회장님과 편집위원장님 그리고 소중한 작품을 함께한 선생님들과 격려해 주고 힘이 되어 준 가족들에게 고마움을 전합니다.

고이녀

아들이 학교를 가면 무언가 해 줄 것이 있을까 하는 엄마의 마음으로 종이접기를 시작한 지 15년이 지났습니다. 그동안 저는 아들한테도 좋은 엄마가 되었고, 다른 친구들한테도 좋은 선생님이었다고 자부하고 싶습니다. 웃으며 종이를 접는 아이들, 아프지만 종이를 접는 환우들 덕분에 오늘의 제가 이 자리에 있습니다.

접어서 형태를 이루는 묘한 매력에 빠져서, 또 아이들을 가르치며 느끼는 보람에 빠져서, 저에게는 즐거움과 성취감을 주는 종이접기에 빠져 살다 보니 오늘 드디어 모든 친구들에게 조금이나마 도움이 될 수 있는 책을 출간하게 되었습니다. 저에겐 힘들지만 즐거운 작업이었고 또 저 자신에게는 새로운 도전이며 한층 성장하는 계기가 되었다고 생각합니다.

부디 이 책이 종이접기를 사랑하는 모든 이들에게 좋은 책으로 기억되길 바라며 저에게 도움을 주는 많은 이들과 가족들에게 감사의 말을 전하고 싶습니다.

박은경

색종이와 인연을 맺은 지 20년이 훌쩍 넘었지만 지금도 색종이를 마주하면 즐겁고, 만들어진 모양에 신기해하는 제 모습을 봅니다. 평면에 불과한 종이 한 장이 선과 점이 반복되며 입체로 완성되어 가는 과정을 경험한다면 누구나 종이접기의 매력에 빠진 저를 공감하게 될 것입니다. 저는 종이접기를 수업이라 생각하지 않고 즐거운 놀이라고 생각하며 강의장에 들어갑니다.

아이들부터 어르신들까지 종이접기로 놀이하며 즐거워하는 모습들을 보면 가끔은 힘들기도 하지만 오히려 내가 힐링되고, 내가 행복해지고, 내 삶을 스스로 가치 있게 만든다는 자부심을 가득 채우고 돌아오곤 합니다. 그런 저의 행복한 마음을 나눠 보고자 참여하게 되었습니다.

책 작업하는 동안 도움 주신 오경해 회장님과 함께 참여한 연구위원들께 감사드립니다.

그리고 제가 만든 첫 종이접기 작품을 보시고 즐거워하셨던 부모님께 감사드립니다.

송미령

『아이와 아빠가 함께 접는 신나는 종이접기』 책을 시작하면서 아이들과 함께했던 지난 많은 수업들을 되짚어 보게 되었습니다. 아이들마다 종이접기에 어떤 이야기를 담았을 때 더 행복해했었는지를 떠올리며 이 책에 함께할 내용들을 그려 보았습니다.

지식의 습득이 우선이고, 우수한 결과를 내야 착한 아이, 좋은 아이가 되는 요즘에 좋은 결과를 내기 위함이 아니라, 네모난 종이 한 장으로 동물을 접으며 숲을 상상하고 우주선을 접으며 우주여행의 꿈을 꾸고, 우리 사는 세상을 다시 한번 생각해 볼 수 있는, 천천히 마음을 키우는 그런 책이 되는 바람을 담고 싶었습니다. 그 생각을 모두 담지 못한 부분과 미흡한 점도 있지만 이 책을 통해 눈앞에 쉽게 보여지는 스마트한 세상보다 가족과 함께 즐거운 시간을 나누며 종이접기 작품 안에서 많은 이야기를 나눌 수 있기 바랍니다. 출간까지 길고 고민이 많았던 시간에 많은 도움을 주신 (사)한국종이접기협회 회장님과 관계자분들께 감사드립니다. 더불어 함께한 작가 선생님들, 늘 격려해 주는 가족들에게도 깊은 감사를 전합니다

조은주

여러 가지 **도구와 재료** 사용하기

색종이 여러 가지 색깔과 크기의 단면, 양면, 무늬 색종이 등이 있고 종이 접기에 많이 사용해요. 기본적으로 색종이는 15cm, 7.5cm, 5cm 사이즈가 있어요.

잡지책 여러 가지 글과 그림이 인쇄되어 있고 종이 종류도 다양해요. 원하는 크기로 잘라서 사용해요.

신문지 종이의 두께가 좀 얇아도 크기가 커서 큰 작품을 만들 때 좋아요.

전단지 여러 상품 등을 홍보하는 광고용 종이로, 종이도 튼튼하고 재미있는 그림이 인쇄되어 있어 잘 골라서 사용하면 효과가 좋아요.

4절 등 크고 두꺼운 도화지 물감이나 색연필 등으로 배경을 만들거나 꾸미고, 완성된 색종이를 붙일 수 있는 종이로 두꺼운 종이를 활용하면 좋아요.

자 종이나 물건의 크기 또는 길이를 잴 때 사용해요.

칼 종이를 자를 때 사용해요. 위험할 수 있으니 어른과 함께 사용하고 항상 조심해요.

가위 종이를 자르거나 모양을 오릴 때 사용해요.

풀 고체형 풀과 액체형 풀이 있는데, 종이나 재료를 붙일 때 사용해요. 붙이려는 부분을 확인하고 사용해요.

할핀 종이나 재료에 구멍을 내어 고정할 때 사용해요. 할핀을 이용하여 움직이는 장난감을 만들 수 있어요.

줄·끈 서로 연결하거나 고리를 만들 때 사용해요.

빨대 작은 구멍에 바람을 넣어 부풀리거나 막대 대신 사용하기도 해요.

스티커 동물의 눈과 코 또는 작품을 꾸밀 때 사용되는 눈 스티커, 동그라미 스티커, 모양 스티커 등 다양한 종류가 있어요.

물감·색연필·크레파스·파스텔 등 색을 칠하거나 그릴 수 있는 도구 배경을 꾸미거나 작품에 색을 칠할 때 사용해요.

기본 접기 방법

접기 기본 기호

다음 기호로 접는 방법이 표시되므로 기본 기호를 꼭 기억하세요.

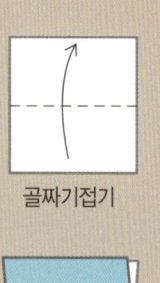

골짜기접기

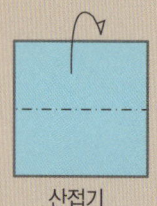

산접기

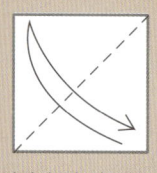

접었다 편 선 만들기

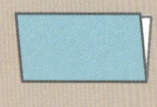

화살표 방향으로 접기

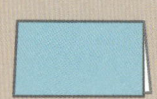

뒤로 접기

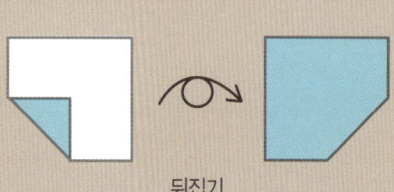

뒤집기

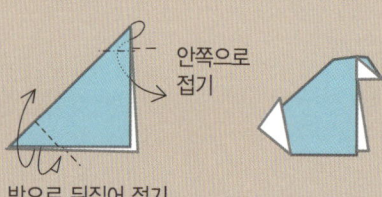

안쪽으로 접기

밖으로 뒤집어 접기

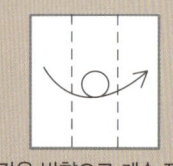

같은 방향으로 계속 접기

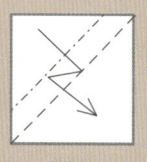

계단접기

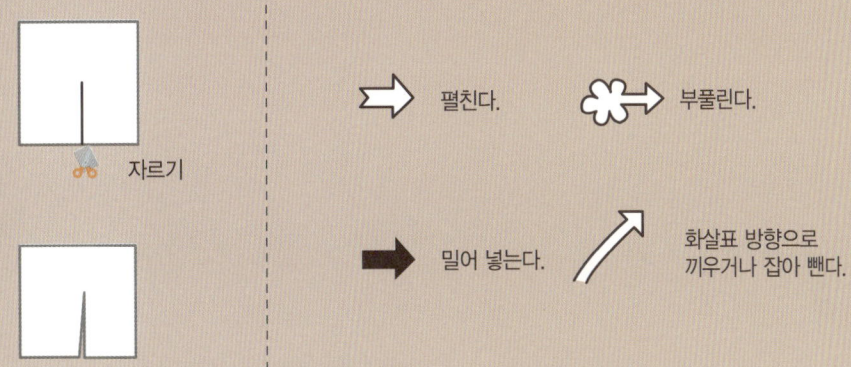

자르기

펼친다.

부풀린다.

밀어 넣는다.

화살표 방향으로
끼우거나 잡아 뺀다.

종이접기 기본형

종이접기의 기본형에는 여러 가지가 있습니다. 그중에서 정사각형의 종이로 접는 기본형에는 10가지가 있습니다. 그중 아래에 소개된 기본형 삼각접기, 아이스크림접기, 문접기, 방석접기는 가장 기본으로, 본 책에서 많이 활용되며, 종이접기의 기초 작업이므로 잘 익혀 두시기 바랍니다.

❖삼각접기 기본형

❖아이스크림접기 기본형

❖문접기 기본형

❖방석접기 기본형

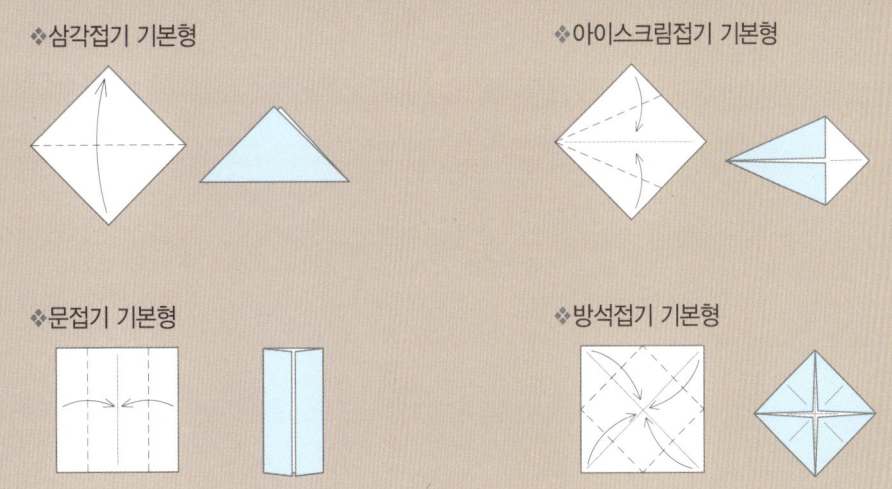

PART 1
동식물을 만들어 봐요

종이접기로 만드는 아름다운 세상
아빠와 함께 종이를 접어
땅과 하늘 그리고 바닷속을 꾸며 보아요.

땅에는 어떤 동식물들이 있을까요?

푸릇푸릇 새싹, 예쁘게 피어나는 팬지,
우리를 따라다니는 귀여운 강아지,
커다란 악어와 코끼리도 있어요.

아이와 함께 땅과 풀밭을 그리면서 땅에는 어떤 동식물이 있는지 이야기해요. 그려 놓은 그림 위에 새싹과 팬지를 붙여 주고, 어울려 뛰어노는 다양한 색상의 예쁜 강아지를 만들어 붙여 주세요. 더 멋진 숲을 그리면서 코끼리와 악어를 붙여 보는 것은 어떨까요?

팬지

고이녀 작가

봄에 피는 팬지는 삼색제비꽃이라고도 불러요.
다섯 개의 꽃잎을 가지고 있으며,
흰색, 노란색, 보라색 등 다양한 색의 꽃이 있어요.
꽃잎의 색이 서로 다른 경우도 많답니다.

재료
- □ 꽃잎 A : 색종이 7.5×7.5cm 1장
- □ 꽃잎 B : 색종이 7.5×7.5cm 1장
- □ 잎사귀 : 색종이 7.5×7.5cm 1장, 6×6cm 1장
- □ 줄기 : 색종이 10×0.7cm 1장
- □ 꽃심 : 동그라미 스티커(지름 9mm 1개)

start 꽃잎A

01 세모로 접었다 펴고 뒤집어요.

02 색이 보이게 놓고, 네모로
접었다 펴요.

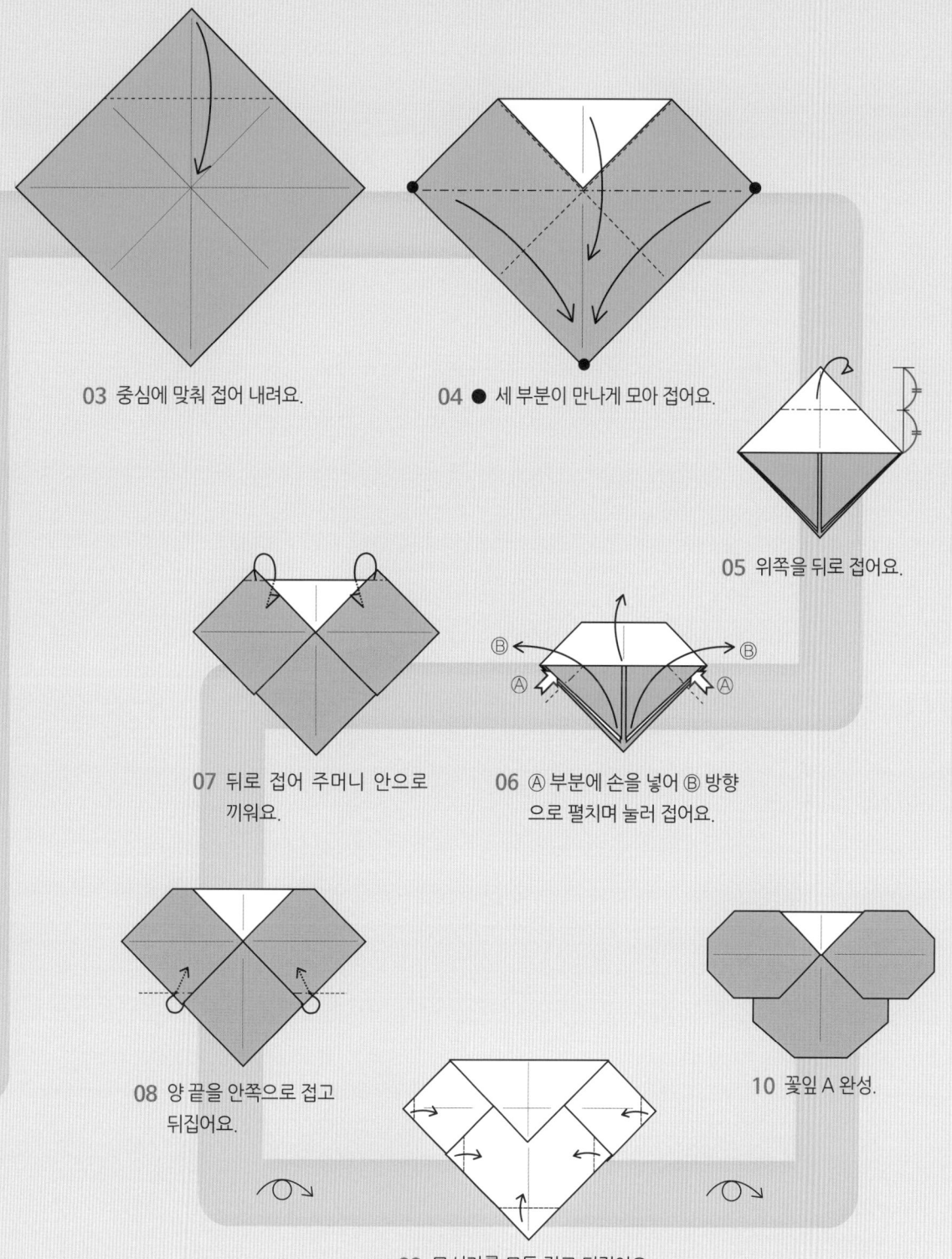

03 중심에 맞춰 접어 내려요.

04 ● 세 부분이 만나게 모아 접어요.

05 위쪽을 뒤로 접어요.

07 뒤로 접어 주머니 안으로 끼워요.

06 Ⓐ 부분에 손을 넣어 Ⓑ 방향으로 펼치며 눌러 접어요.

08 양 끝을 안쪽으로 접고 뒤집어요.

09 모서리를 모두 접고 뒤집어요.

10 꽃잎 A 완성.

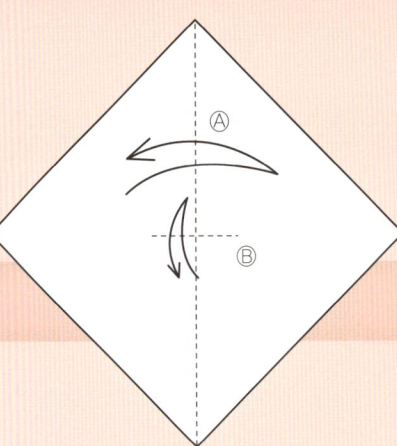

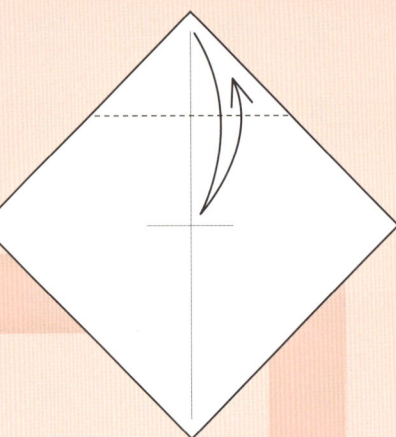

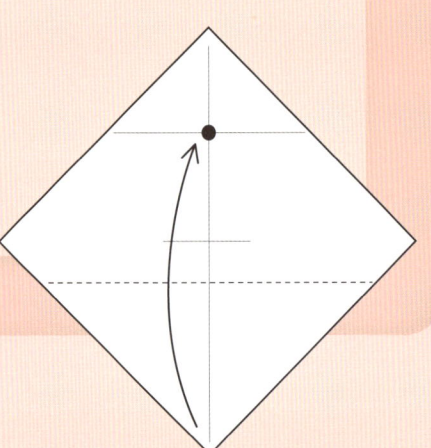

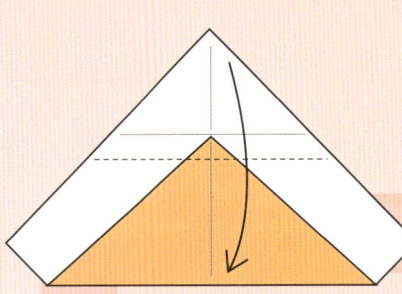

start
꽃잎 B

01 Ⓐ를 접었다 편 후 Ⓑ의 표시만큼 접었다 펴요.

02 윗부분을 중심점에 맞춰 접었다 펴요.

03 ● 부분에 맞춰 접어 올려요.

04 중심선에 맞춰 반을 접어 내려요.

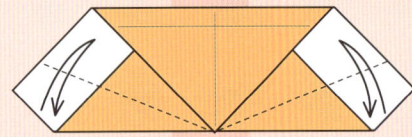

05 양쪽을 접었다 펴요.

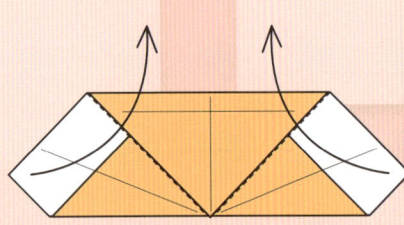

06 중심선에 맞춰 접어 올려요.

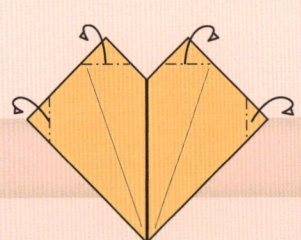

07 모서리를 모두 뒤로 접어요.

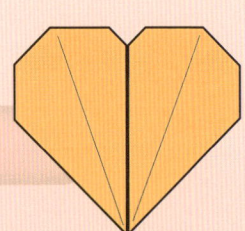

08 꽃잎 B 완성.

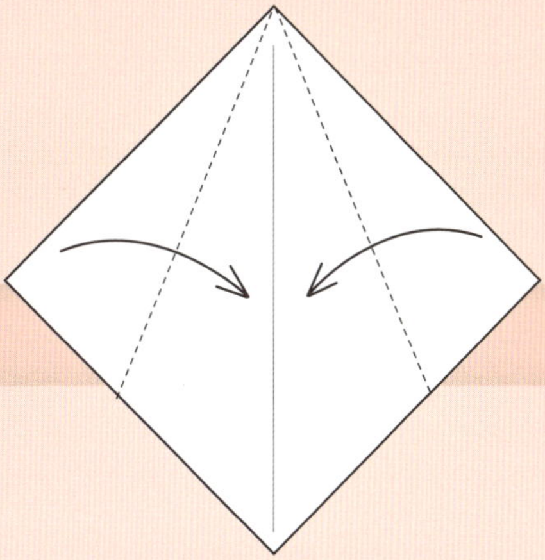

01 세모로 접었다 펴고
양쪽을 접어요.

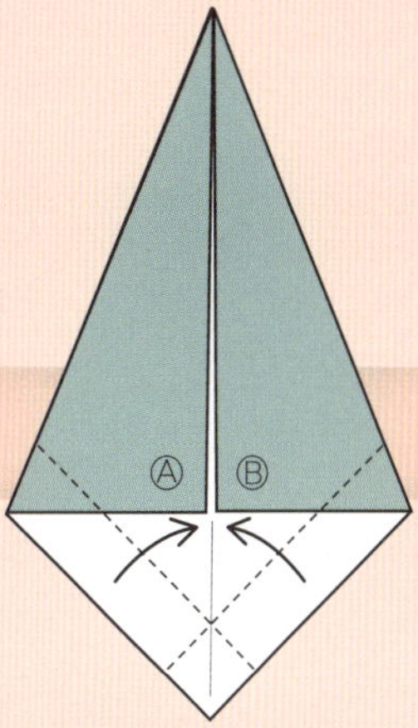

02 Ⓐ Ⓑ의 순서대로 접어요.

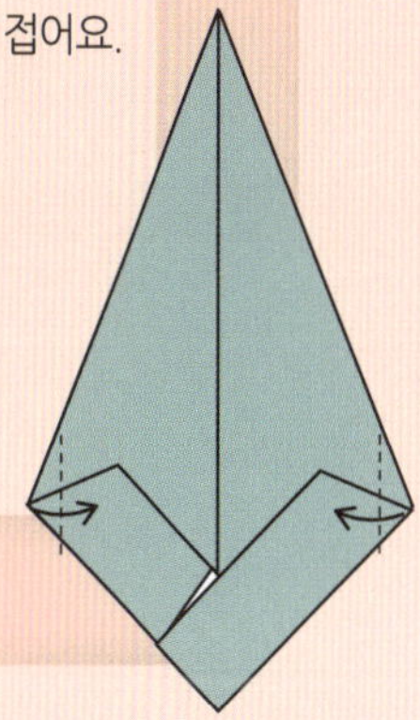

03 양쪽 모서리를 접어요.

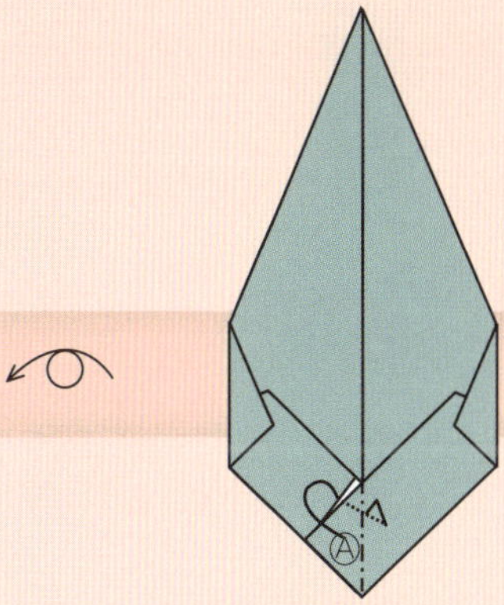

05 잎사귀 완성.

04 Ⓐ 부분을 뒤로 접어 넣고
뒤집어요.

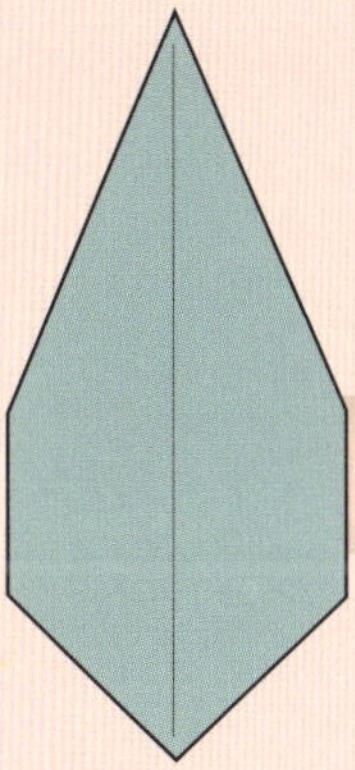

꽃잎 B

꽃잎 A

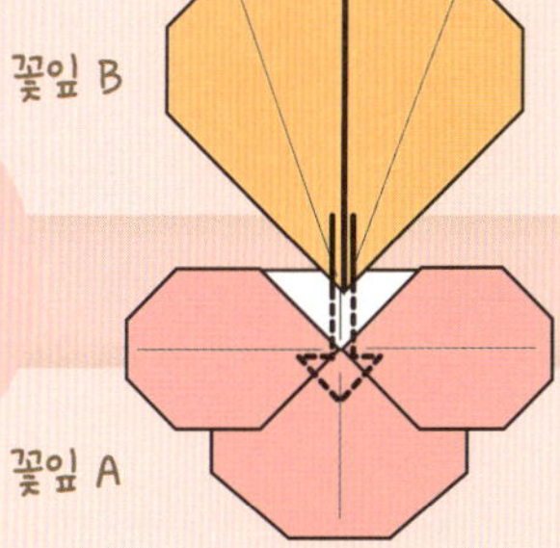

01 꽃잎 B를 꽃잎 A에
끼워 붙여요.

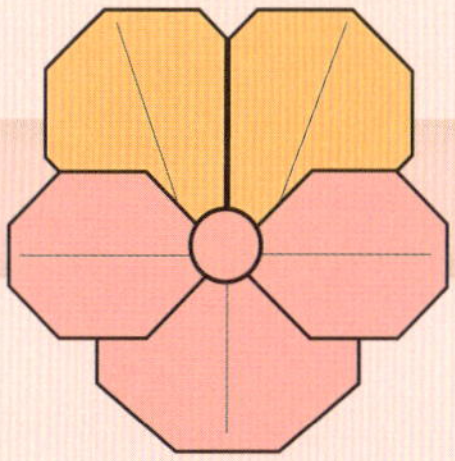

02 중심에 꽃심 스티커를
붙여 꽃을 완성해요.

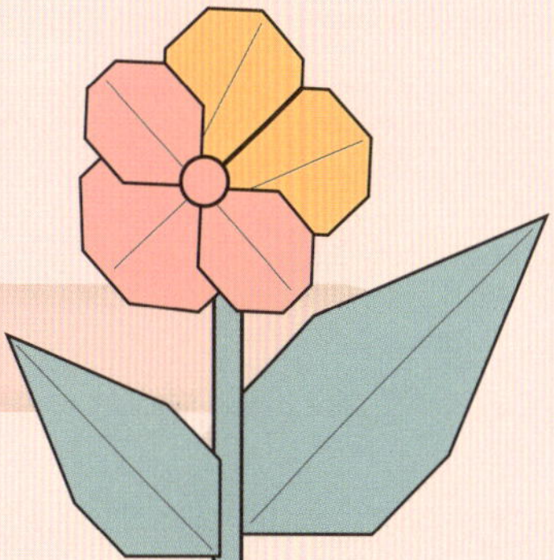

03 줄기 모양을 잘라 잎사귀와 꽃을
붙여 팬지꽃을 완성해요.

새싹

박은경 작가

봄이면 파릇파릇 새싹이 돋아나요.
새롭게 피어나는 새싹들을 관찰해 볼까요?
귀엽고 예쁜 새싹들을 만들어서
꽃밭을 멋지게 꾸며 보아요.

재료 □ 무늬 색종이 7.5×7.5cm 1장

start

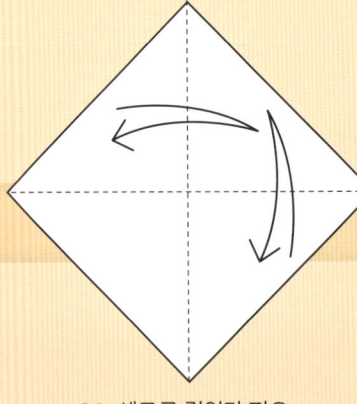

01 세모로 접었다 펴요.

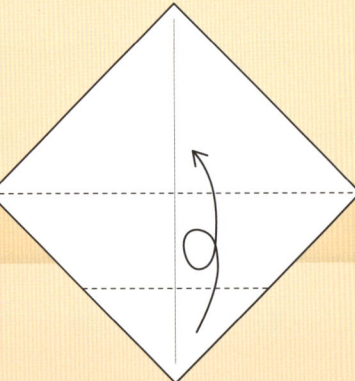

02 선대로 말아 접어요.

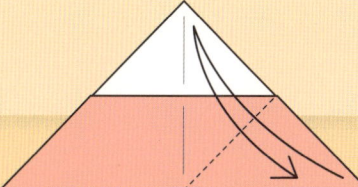

03 중심선에 맞춰 접었다 펴요.

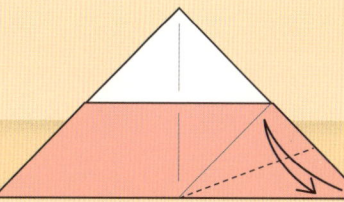

04 선에 맞춰 접었다 펴요.

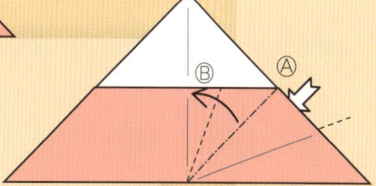

05 Ⓐ 부분에 손을 넣어 Ⓑ 방향
으로 펼치며 눌러 접어요.

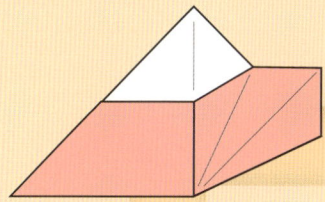

08 반대쪽도 3~7번과 같은 방법
으로 접어요.

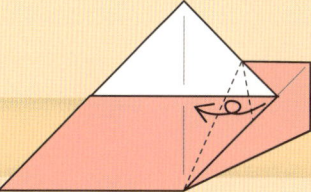

07 선에 맞춰 말아 접어요.

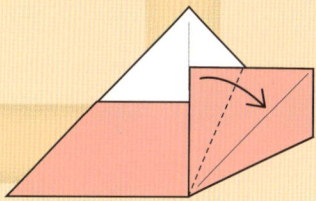

06 접어 내려요.

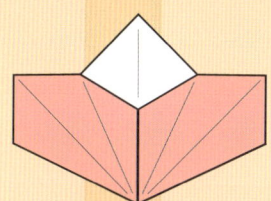

09 뒤집어요.

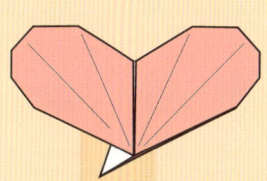

13 새싹 완성.

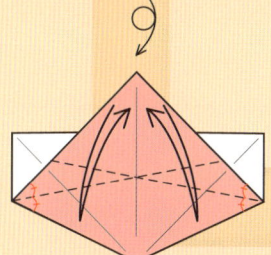

10 양쪽을 접었다 펴요.

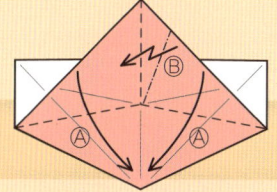

11 Ⓐ를 아래로 접어 내리면서
Ⓑ를 계단 모양으로 만들어요.

12 모서리를 모두 조금씩
접고 뒤집어요.

코끼리

고이녀 작가

코끼리는 아주 커다란 초식 동물이에요.
상아라고 부르는 앞니가 있고요.
자유롭게 움직일 수 있는 긴 코는
사람의 손과 같은 역할을 한답니다.

재료 □ 코끼리 코와 얼굴, 귀 : 색종이 15×7.5cm 각 1장씩
□ 코끼리 몸 : 색종이 15×15cm 1장
□ 코끼리 꼬리 : 색종이 7.5×7.5cm 1장

**start
코와 얼굴**

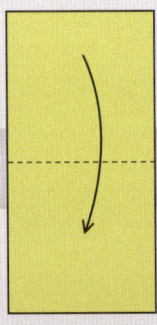

01 1:2 비율의 종이를 색이 보이게
놓고 반으로 접어 내려요.

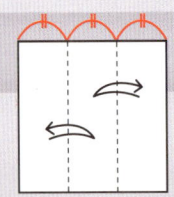

02 3등분으로 접었다 펴요
(아빠가 도와 주세요).

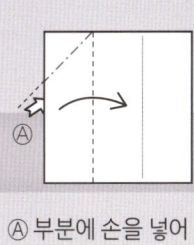

03 Ⓐ 부분에 손을 넣어 펼치며
눌러 접어요.

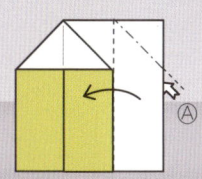

04 반대쪽도 같은 방법으로
접어요.

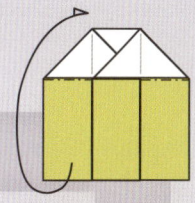

05 뒷장을 위로 접어 올려요.

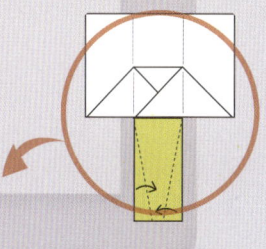

06부터 150% 확대해서
보기로 해요.

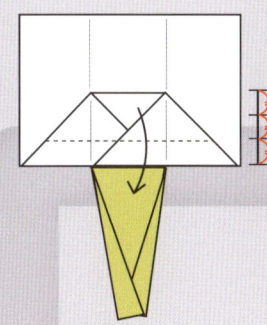

07 접어 내려요.

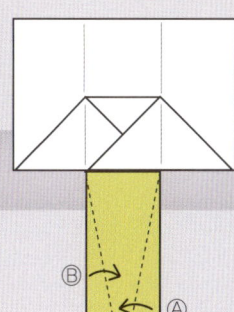

06 Ⓐ Ⓑ 순서대로 접어요.

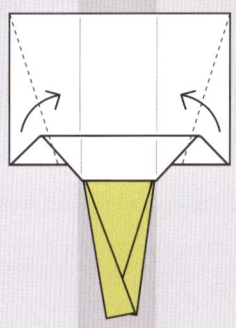

08 양쪽을 접어요.

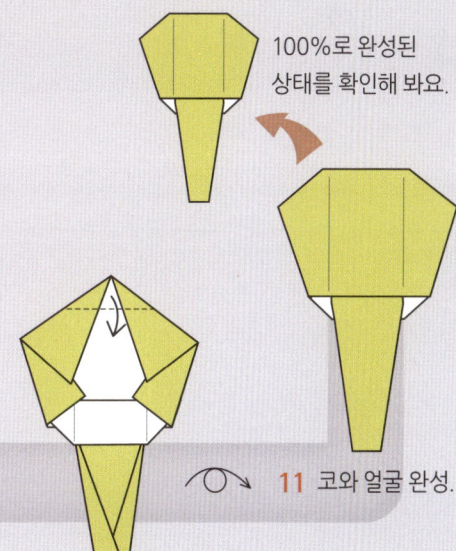

100%로 완성된
상태를 확인해 봐요.

11 코와 얼굴 완성.

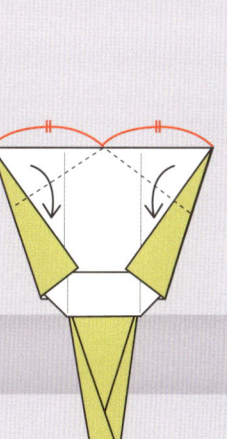

09 중심에서 양쪽을 비스듬히
접어 내려요.

10 위쪽을 조금 접어
내리고 뒤집어요.

start
귀

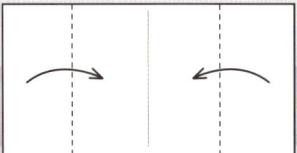

01 2:1 비율의 종이를 반으로 접었다 편
다음 중심선에 맞춰 양쪽을 접어요.

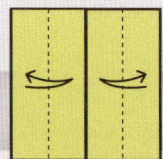

02 중심선에 맞춰
접었다 펴요.

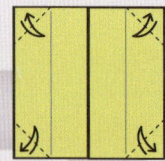

03 모서리를 모두
접었다 펴요.

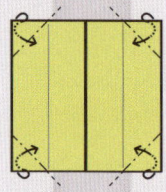

04 모서리를 모두 안쪽으로
접고 뒤집어요.

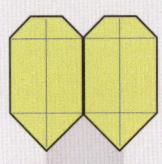

08 귀 완성.

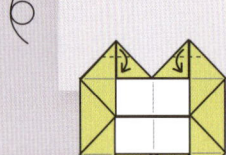

07 위쪽 모서리를 접고
뒤집어요.

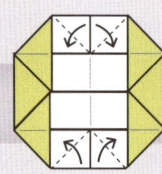

06 네 곳 모두 접어요.

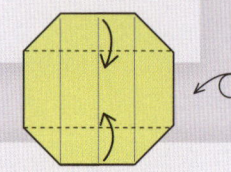

05 위아래를 앞 장만 접어요.

start
옴

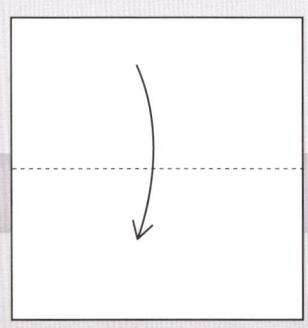

01 네모로 접어 내려요.

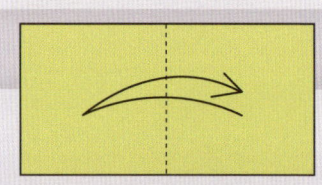

02 반을 접었다 펴요.

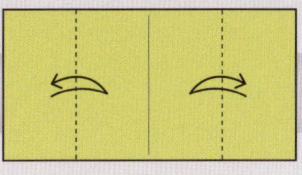

03 중심선에 맞춰 양쪽을
접었다 펴요.

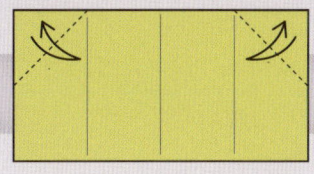

04 양쪽 모서리를 접었다 펴요.

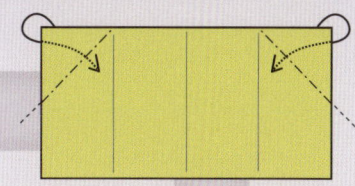

05 양쪽 모서리를 안쪽으로 접어요.

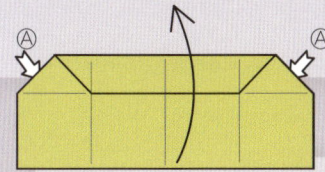

07 Ⓐ 부분에 손을 넣어 위로 펼쳐
눌러 접어요.

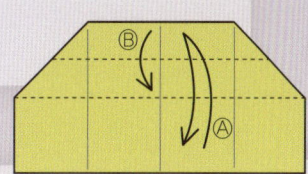

06 Ⓐ를 앞 장만 접었다 펴고, Ⓑ를
접어 내려요.

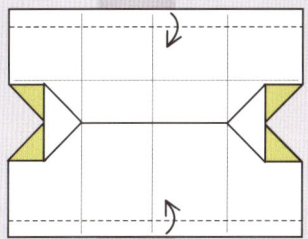

08 위아래를 같은 크기로 조금씩
접어요.

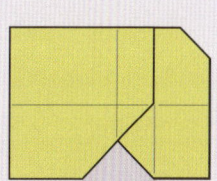

11 코끼리 몸 완성.

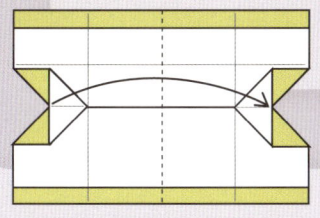

09 중심선을 기준으로 반으로
접고 돌려요.

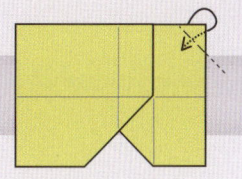

10 모서리를 안쪽으로
접어요.

029

start
꼬리

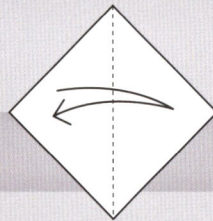

01 세모로 접었다 펴요.

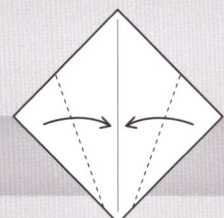

02 중심선을 기준으로 아래쪽이
조금 벌어지게 접어요.

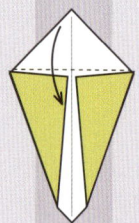

03 위를 접어 내려요.

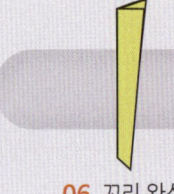

06 꼬리 완성.

05 반을 접어요.

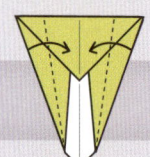

04 양쪽을 접어요.

start
조립

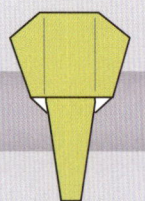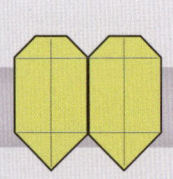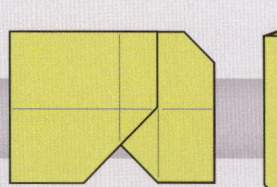

01 코와 얼굴, 귀, 몸, 꼬리를 준비해요.

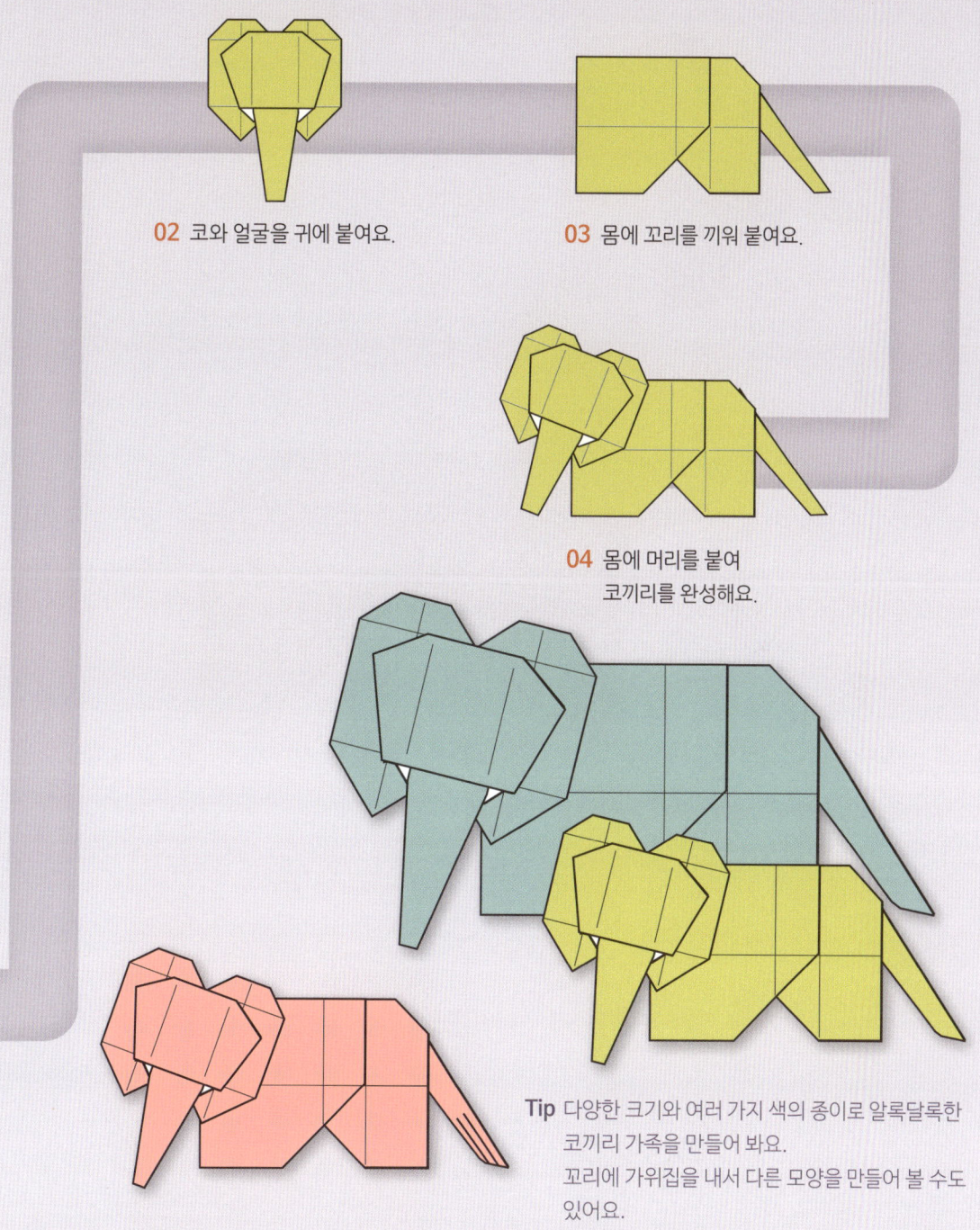

02 코와 얼굴을 귀에 붙여요.

03 몸에 꼬리를 끼워 붙여요.

04 몸에 머리를 붙여
코끼리를 완성해요.

Tip 다양한 크기와 여러 가지 색의 종이로 알록달록한
코끼리 가족을 만들어 봐요.
꼬리에 가위집을 내서 다른 모양을 만들어 볼 수도
있어요.

강아지

고이녀 작가

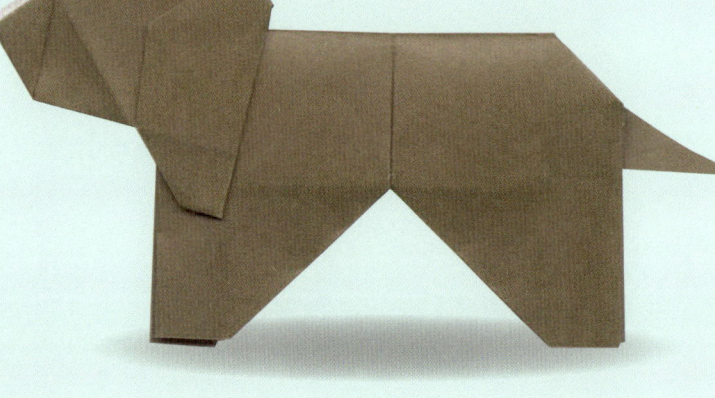

강아지는 사람과 가장 가까운 동물이에요.
작고 조그마한 강아지가 꼬리를 흔들면 너무 행복해요.
가족처럼 편안하고 소중한 나만의 친구
귀여운 반려견 강아지를 만들어 봐요.

재료 ☐ 강아지 머리 : 색종이 7.5×7.5cm 1장
　　　 ☐ 강아지 몸 : 색종이 15×7.5cm 1장
　　　 ☐ 강아지 꼬리 : 색종이 2.5×2.5cm 1장

**start
머리**

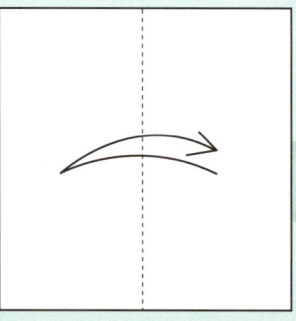

01 네모로 접었다 펴요.

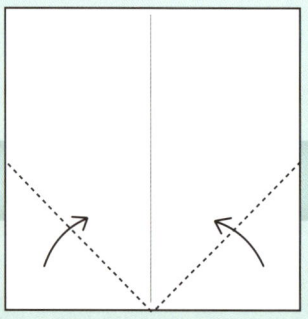

02 양쪽을 중심선에 맞춰 접어요.

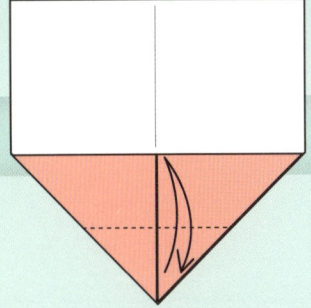

03 중심점에 맞춰 접었다 펴요.

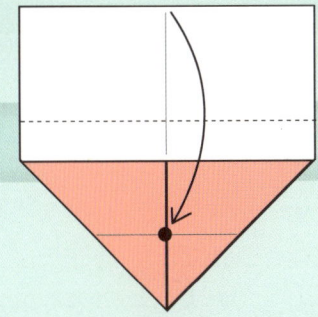

04 ●에 맞춰 접어 내리고 뒤집어요.

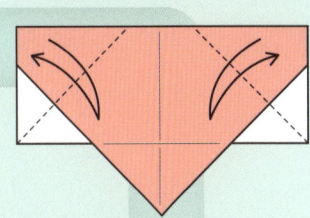

05 양쪽을 모두 접었다 펴요.

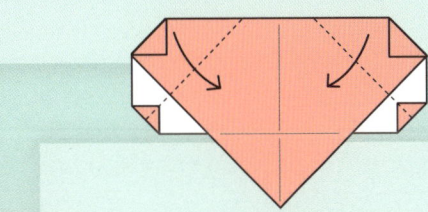

07 양쪽을 접어 내려요.

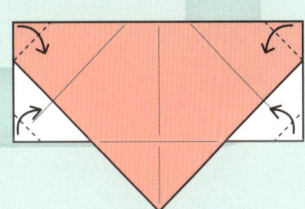

06 모서리를 모두 접어요.

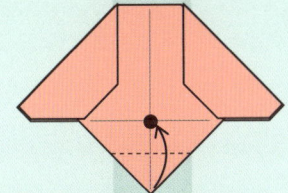

08 ●에 맞춰 접어 올려요.

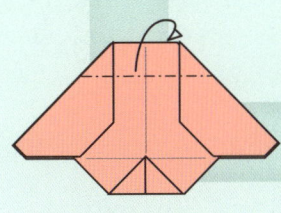

09 위쪽을 뒤로 접어요.

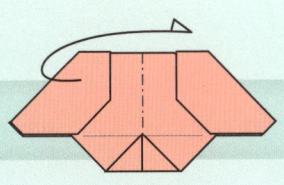

10 뒤로 반을 접어요.

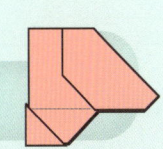

11 강아지 머리 완성.

Start 옴

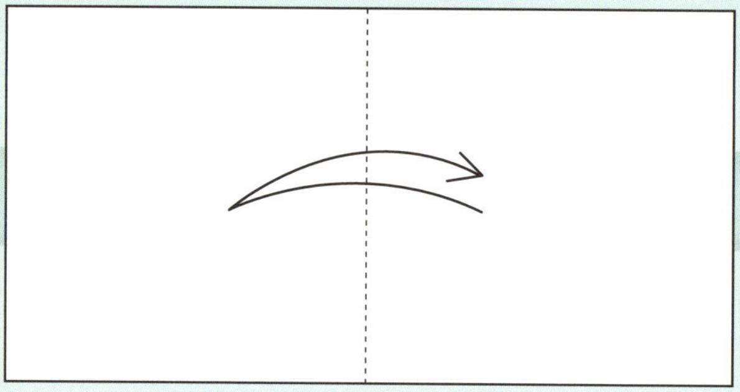

01 2:1 비율의 종이를
반으로 접었다 펴요.

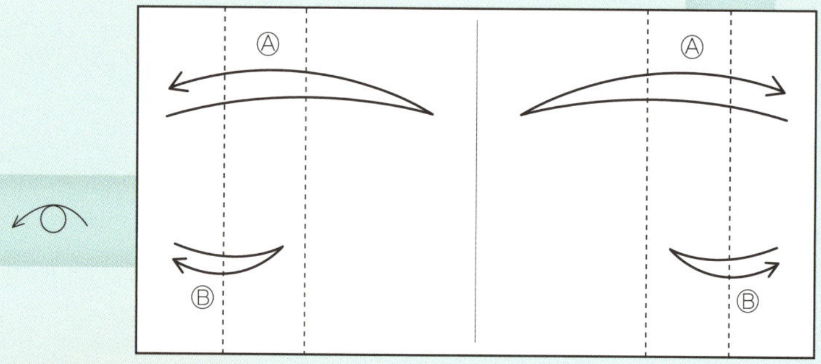

Ⓐ Ⓐ
Ⓑ Ⓑ

02 Ⓐ Ⓑ를 순서대로 접었다 펴고 뒤집어요.

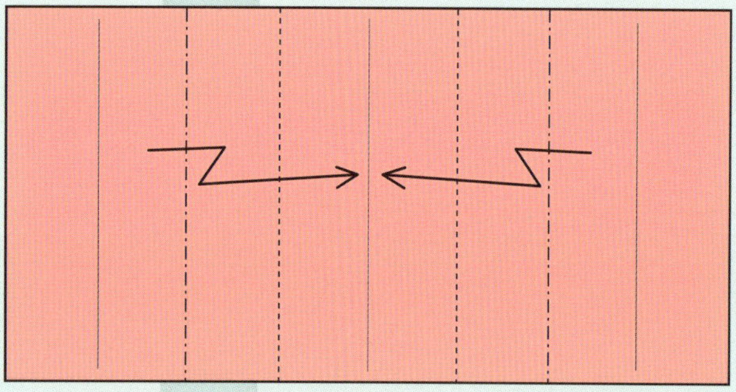

03 중심으로 모아지게 양쪽 모두 계단 모양으로 접어요.

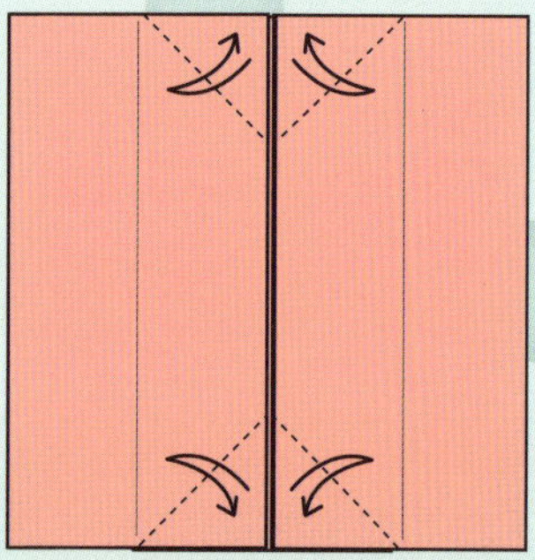

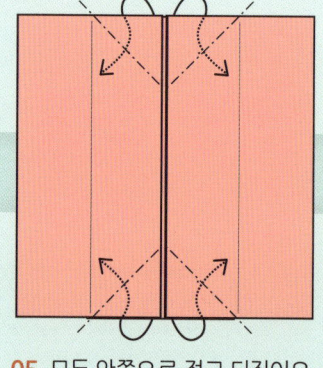

04 윗장만 모두 접었다 펴요.

05 모두 안쪽으로 접고 뒤집어요.

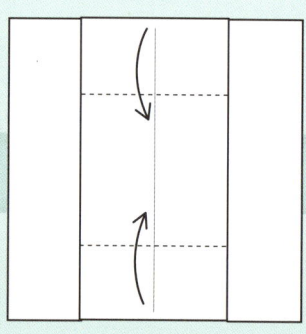

06 위아래를 앞 장만 접어요.

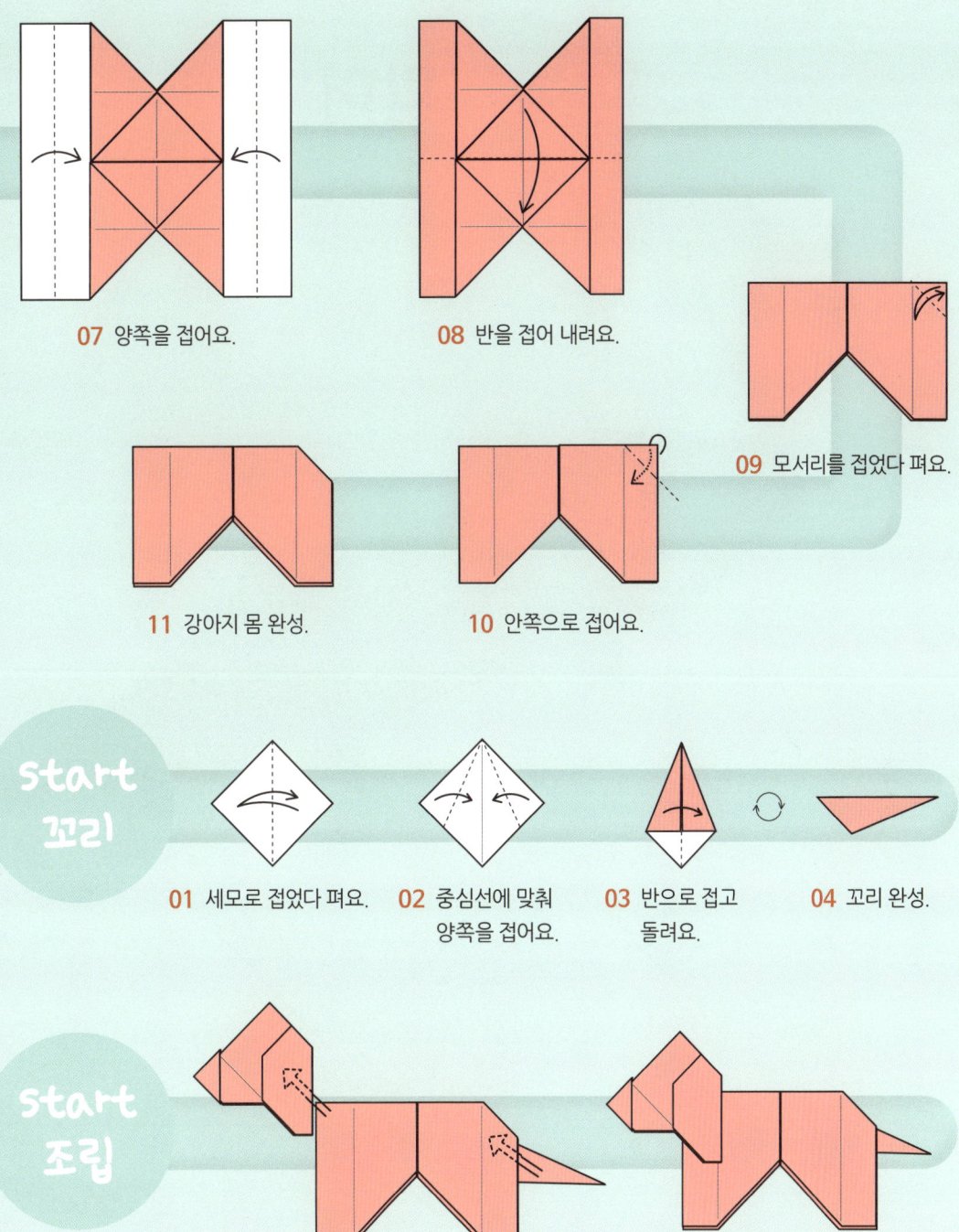

07 양쪽을 접어요.

08 반을 접어 내려요.

09 모서리를 접었다 펴요.

11 강아지 몸 완성.

10 안쪽으로 접어요.

Start
꼬리

01 세모로 접었다 펴요.

02 중심선에 맞춰
양쪽을 접어요.

03 반으로 접고
돌려요.

04 꼬리 완성.

Start
조립

01 완성된 꼬리를 몸에 끼워 붙이고,
몸을 머리에 끼워 붙여요

02 강아지를 완성해요.

악어

고이녀 작가

악어는 습지에 살고 있는 파충류예요.
커다란 머리와 네 개의 다리, 강한 꼬리를 가졌고,
발가락 사이에는 물갈퀴가 있어요.
유유히 헤엄치는 악어를 만들어 봐요.

재료 □ 악어 머리 : 색종이 15×15cm 1장
　　　□ 악어 몸 : 색종이 15×15cm 2장

start
머리

01 세모로 접었다 펴요.

02 중심선에 맞춰 접어요.

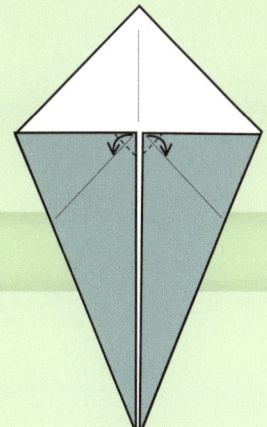

03 양쪽으로 조금씩 접어요.

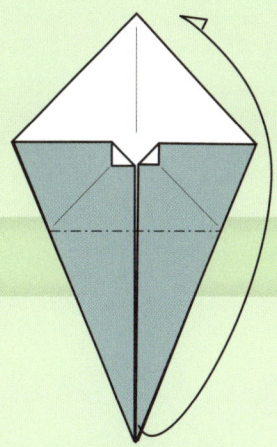

04 뒤로 반을 접어 올려요.

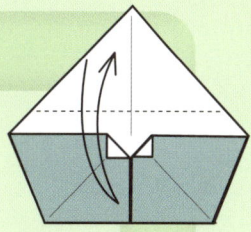

05 윗장을 접었다 펴요.

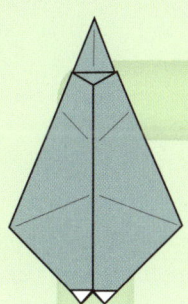

08 뒤집어요.

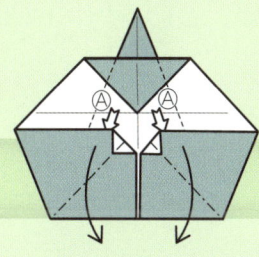

07 Ⓐ 부분에 손을 넣어 아래 방향
으로 펼치며 눌러 접어요.

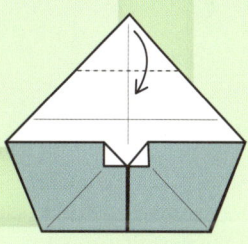

06 윗장을 접어 내려요.

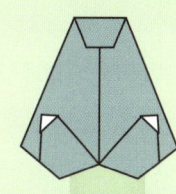

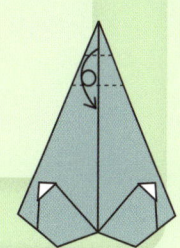

12 악어 머리 완성.

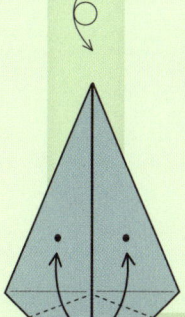

09 ●에 맞춰 접어 올려요.

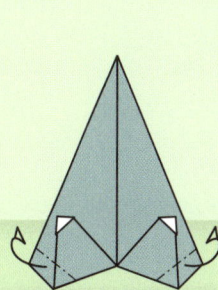

10 양쪽을 조금씩 뒤로
접어요.

11 뒷장의 높이에 맞춰 말아
접어서 붙여요.

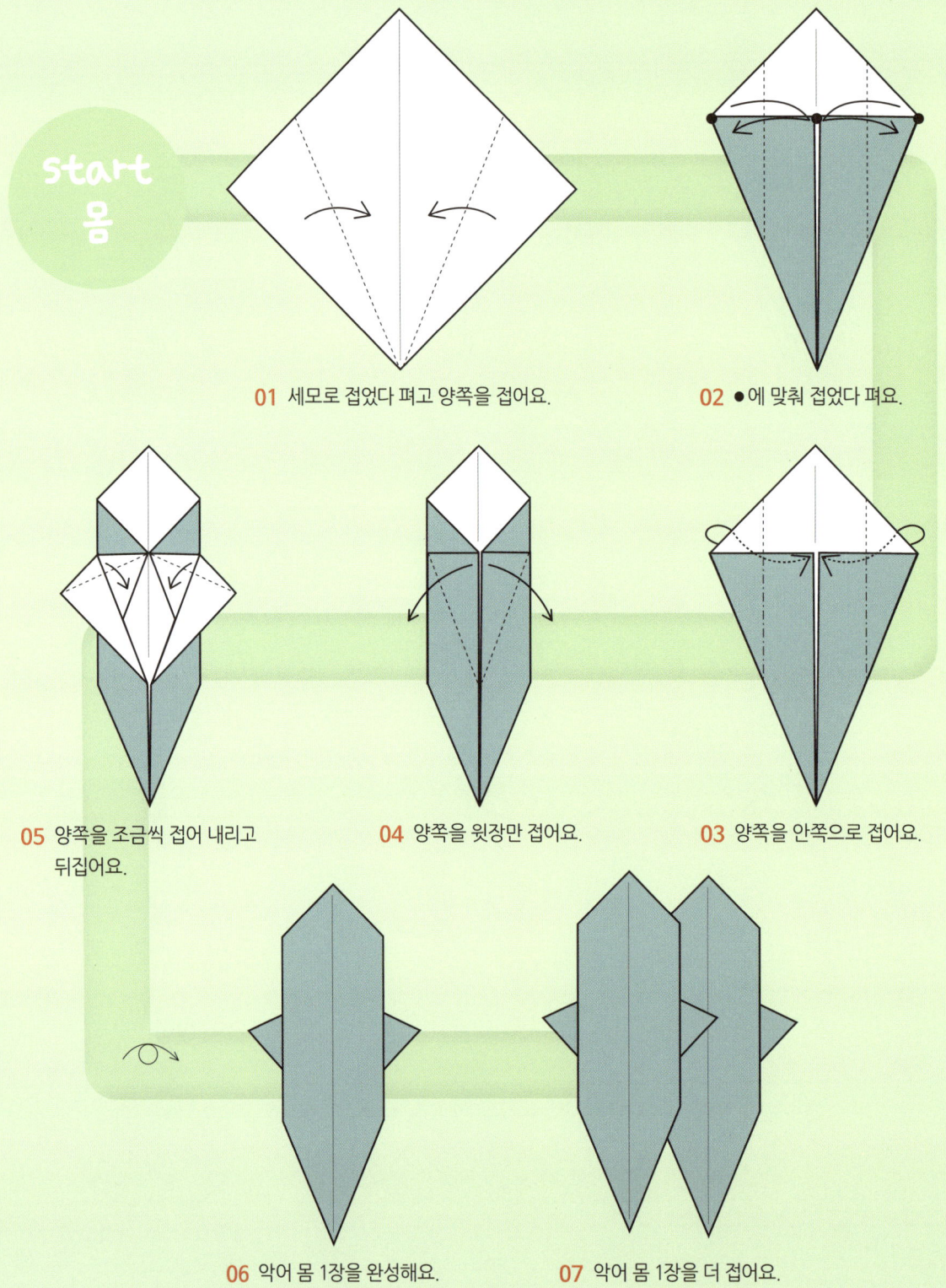

start
몸

01 세모로 접었다 펴고 양쪽을 접어요.

02 ●에 맞춰 접었다 펴요.

05 양쪽을 조금씩 접어 내리고
뒤집어요.

04 양쪽을 윗장만 접어요.

03 양쪽을 안쪽으로 접어요.

06 악어 몸 1장을 완성해요.

07 악어 몸 1장을 더 접어요.

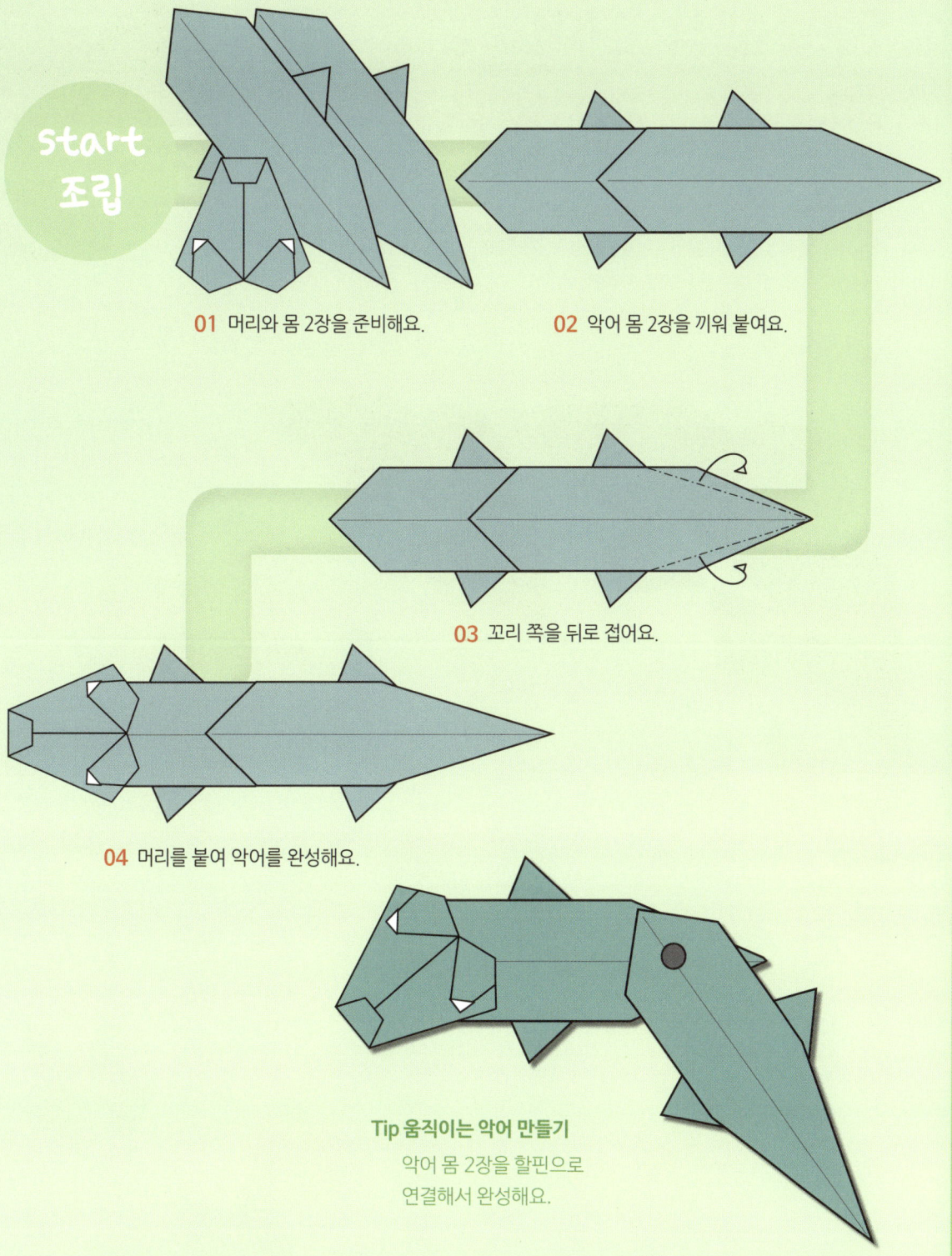

start 조립

01 머리와 몸 2장을 준비해요.

02 악어 몸 2장을 끼워 붙여요.

03 꼬리 쪽을 뒤로 접어요.

04 머리를 붙여 악어를 완성해요.

Tip 움직이는 악어 만들기
악어 몸 2장을 할핀으로
연결해서 완성해요.

하늘에는 어떤 생물들이 날아다닐까요?

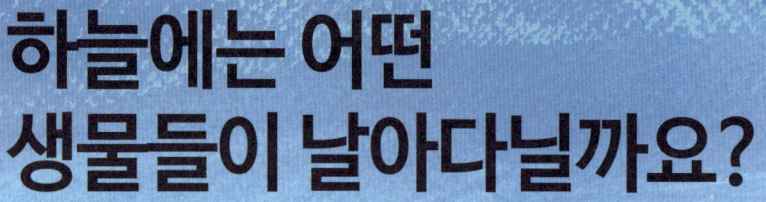

파란 하늘에는 다양한 생물들이 날아다녀요.
꽃 사이사이 나비가 춤추며 하늘을 날고, 예쁜 벌새가 꽃을 바라보며 이야기 나누네요.
파란 바닷물 위로는 갈매기가 날아다니고,
밤하늘에는 반짝이는 불꽃의 반딧불이가 보여요.
잠들었던 박쥐는 깜짝 놀라서 깨어납니다.

물감과 크레파스로 파란 하늘을 그리고, 예쁜 색종이로 접은 나비랑 벌새를 붙여 주세요.
멋진 갈매기도 함께 붙여 볼까요? 까만 밤하늘을 그린 후, 아름다운 불을 밝히는 반딧불
이와 멋지게 날고 있는 박쥐를 붙여 주세요.

나비

고이녀 작가

나비는 두 쌍의 날개를 펼치며 날아다녀요.
아름다운 빛깔을 뽐내면서요.
꽃 사이에 잠시 앉아 꿀을 먹고 살죠.
다양한 모양의 예쁜 나비를 만들어 봐요.

재료 □ 색종이 15×15cm 1장

start

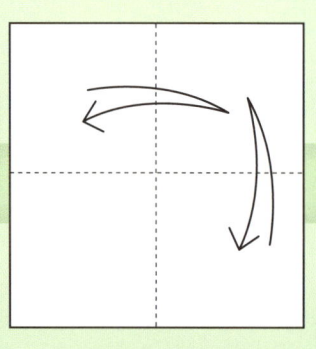

01 네모로 접었다 펴요.

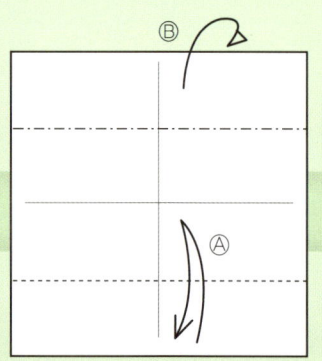

02 Ⓐ를 중심선에 맞춰 접었다 펴고
Ⓑ는 뒤로 접은 다음 뒤집어요.

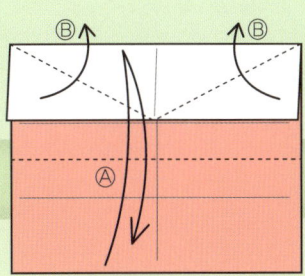

03 Ⓐ를 접었다 펴고, Ⓑ를 위로
접어 올린 후 뒤집어요.

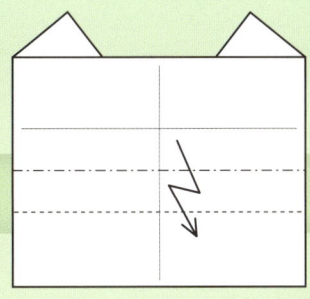

04 계단 모양으로 접어 내려요.

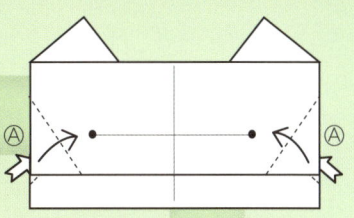

05 Ⓐ 부분에 손을 넣어 모서리를
●에 맞춰 펼치며 눌러 접어요.

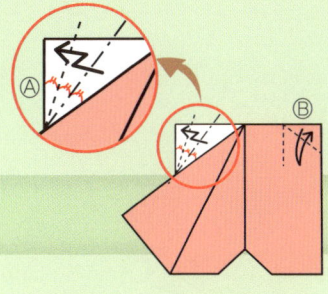

07 Ⓐ 앞 뒤장을 각각 3등분 선에
맞춰 계단 모양으로 접고, Ⓑ도
접었다 펴요.

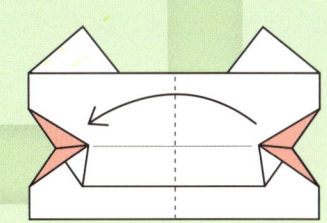

06 반을 접고 돌려요.

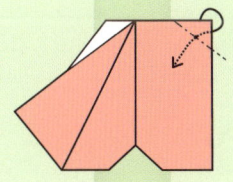

08 선에 맞춰 안쪽으로 접어요.

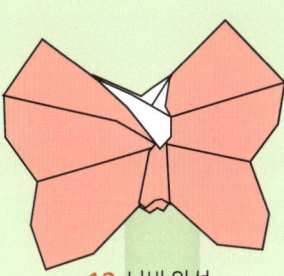

12 나비 완성.

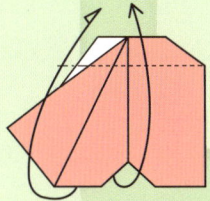

09 앞뒤를 각각 접어
올려요.

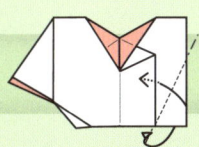

10 앞뒤를 각각 접어
끼워 넣어요.

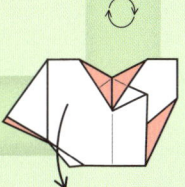

11 날개를 펼쳐 입체로
만들어요.

반딧불이

박은경 작가

여름철 물가나 풀밭에는 반짝반짝 반딧불이가 살아요.
배의 뒤쪽으로는 연한 황색 불빛이 난답니다.
반딧불이가 날아다니면 아름다운 별이 반짝여요.
밤하늘을 예쁘게 수놓는 반딧불이를 만들어 볼까요?

재료 □ 반딧불이 : 색종이 15×15cm 1장씩
□ 반딧불이 불 : 노란색 한지 5×5cm 1장

start

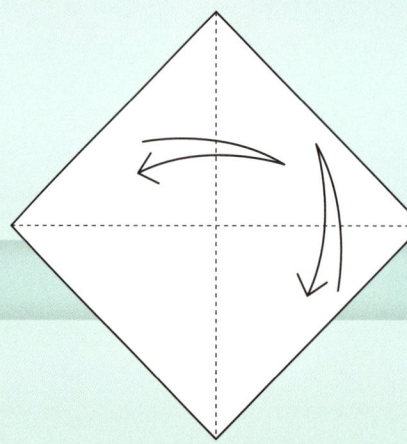

01 세모로 접었다 펴요.

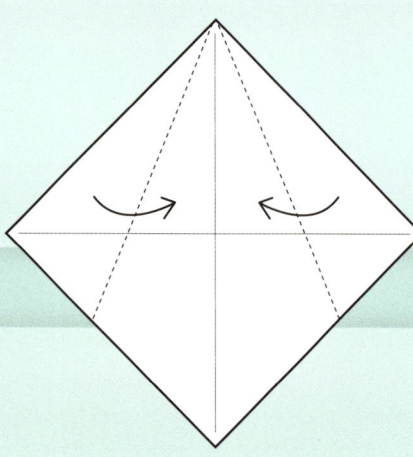

02 중심선에 맞춰 양쪽을 접어요.

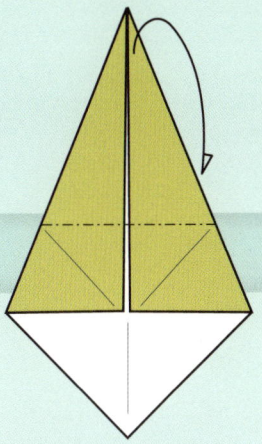

03 뒤로 반을 접어요.

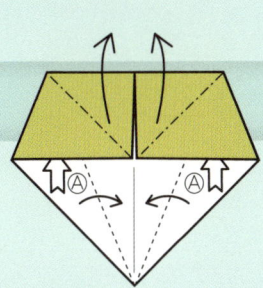

04 Ⓐ 부분에 손을 넣어 위로 펼치며 눌러 접어요.

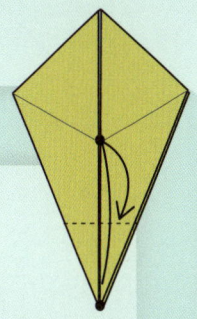

05 ●끼리 맞춰 두 장을 접었다 펴고 전체를 펼쳐요.

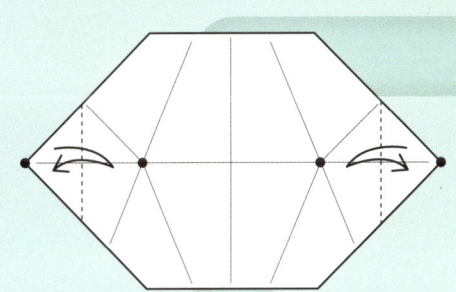

07 양쪽을 ●끼리 만나도록 접었다 펴요.

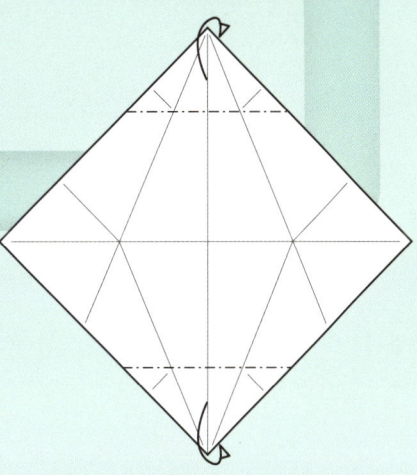

06 위아래를 선대로 뒤로 접어요.

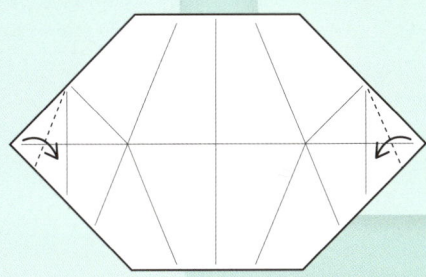

08 양쪽을 선에 맞춰 접어요.

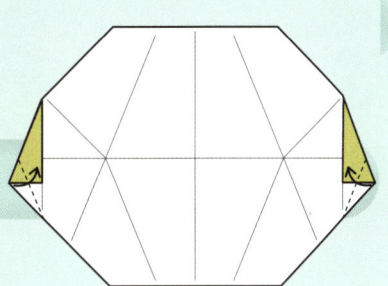

09 접힌 끝부분의 양쪽을 선에 맞춰 접어요.

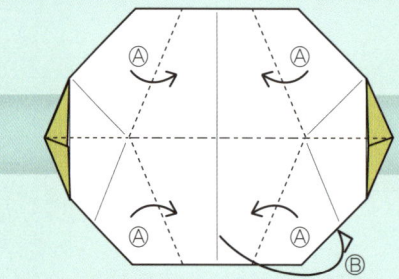

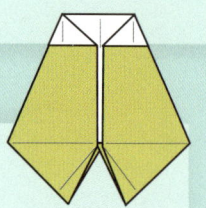

10 Ⓐ 부분 모두 선대로 접으면서 Ⓑ를 뒤로 접어 올려요.

11 접은 모습.

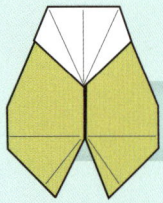

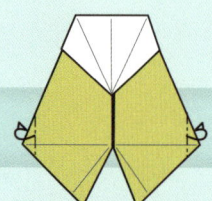

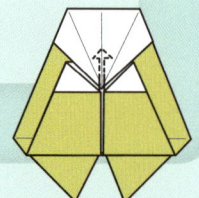

14 완성.

13 날개 양쪽 모서리를 뒤로 조금씩 접어요.

12 윗장을 안쪽 주머니에 끼워요.

start
밤하늘
반디

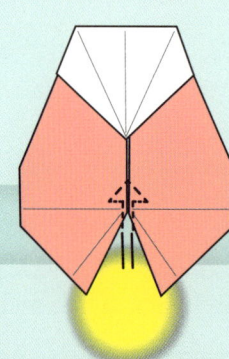

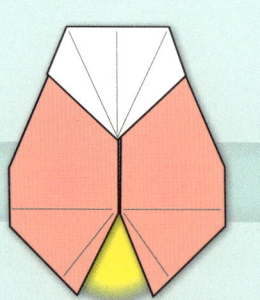

01 완성한 반딧불이와 손으로 동그랗게 찢은 노란색 한지를 준비해요.

02 안쪽으로 끼워 붙이면 완성.

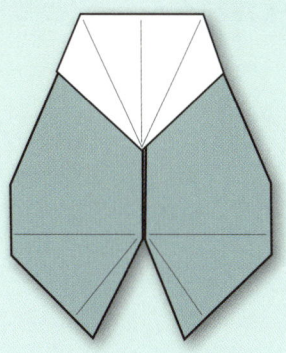

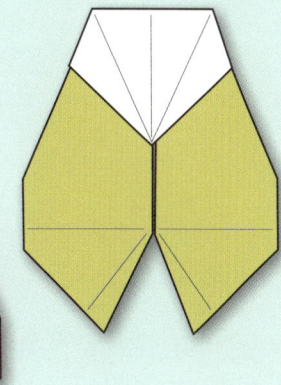

Tip 색상과 패턴이 다양한 종이로 여러 가지
크기의 반딧불이를 만들어 봐요.

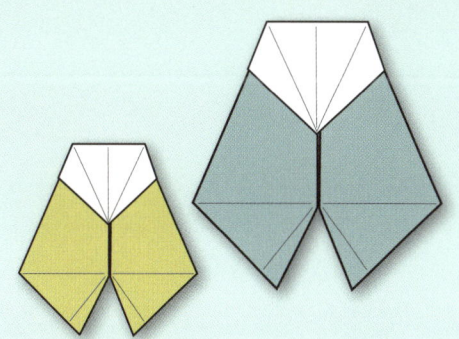

Tip 매미도 반딧불이와 같이
다양한 종류의 종이로 접어
멋진 하늘을 꾸며 봐요.

start
매미

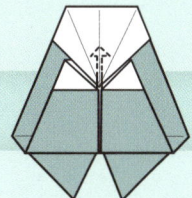

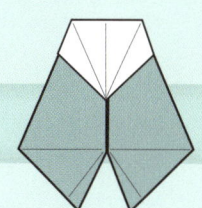

01 반딧불이 12번까지 동일하게
접어요.

02 매미 완성.

동식물을 만들어 봐요

갈매기

고이녀 작가

푸른 바다 위를 끼룩끼룩 날아다니는 멋진 새랍니다.
여러 갈매기들이 하늘을 함께 날면 한 폭의 그림 같아요.
커다란 갈매기를 만들면서
도란도란 이야기를 나누어 봐요.

재료 □ 색종이 15×15cm 1장

start

01 세모로 접었다 펴요.

02 Ⓐ는 뒤로 접고 Ⓑ는 접었다 펴요.

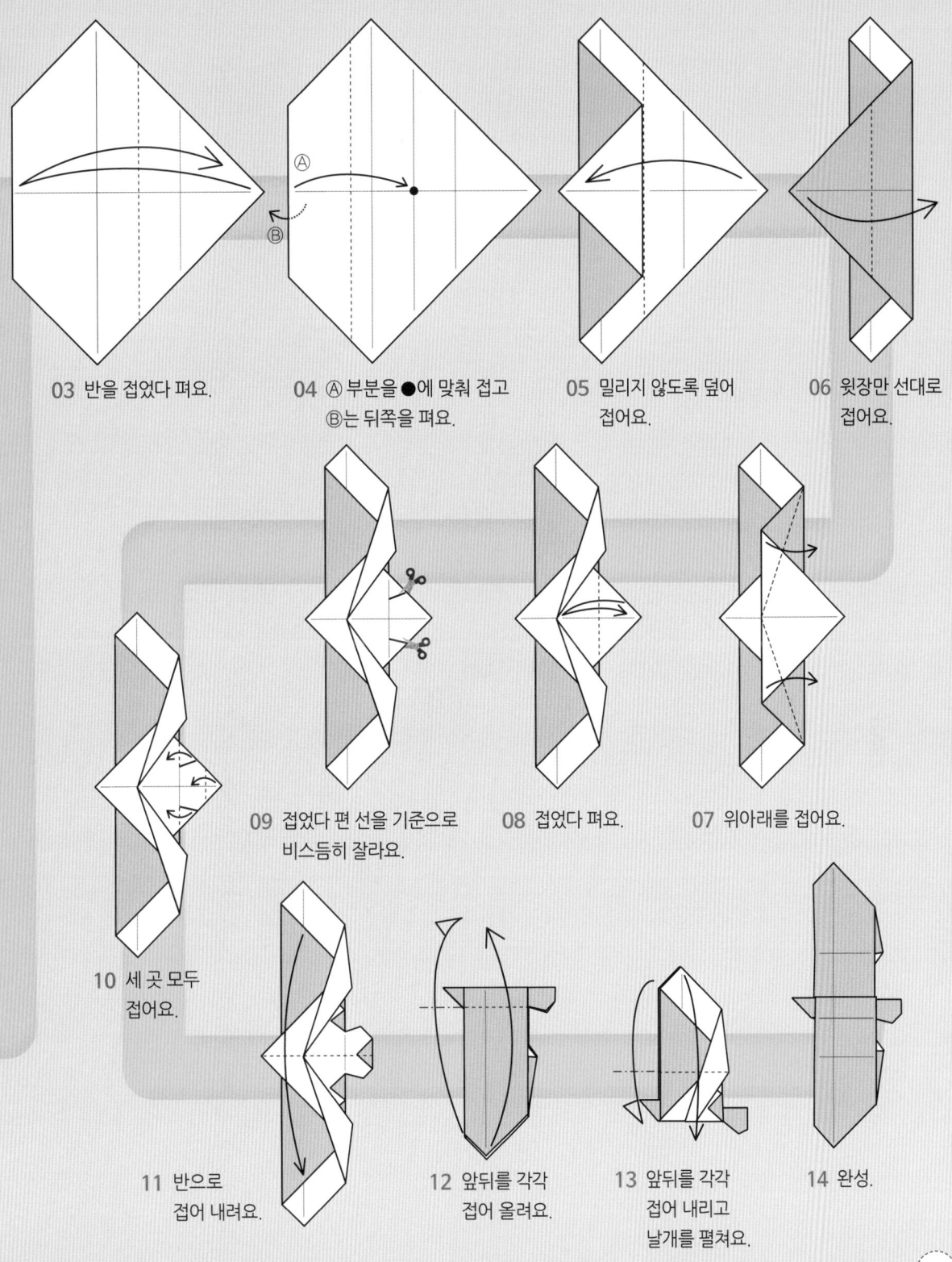

03 반을 접었다 펴요.

04 Ⓐ 부분을 ●에 맞춰 접고
Ⓑ는 뒤쪽을 펴요.

05 밀리지 않도록 덮어
접어요.

06 윗장만 선대로
접어요.

09 접었다 편 선을 기준으로
비스듬히 잘라요.

08 접었다 펴요.

07 위아래를 접어요.

10 세 곳 모두
접어요.

11 반으로
접어 내려요.

12 앞뒤를 각각
접어 올려요.

13 앞뒤를 각각
접어 내리고
날개를 펼쳐요.

14 완성.

동식물을 만들어 봐요

벌새

고이녀 작가

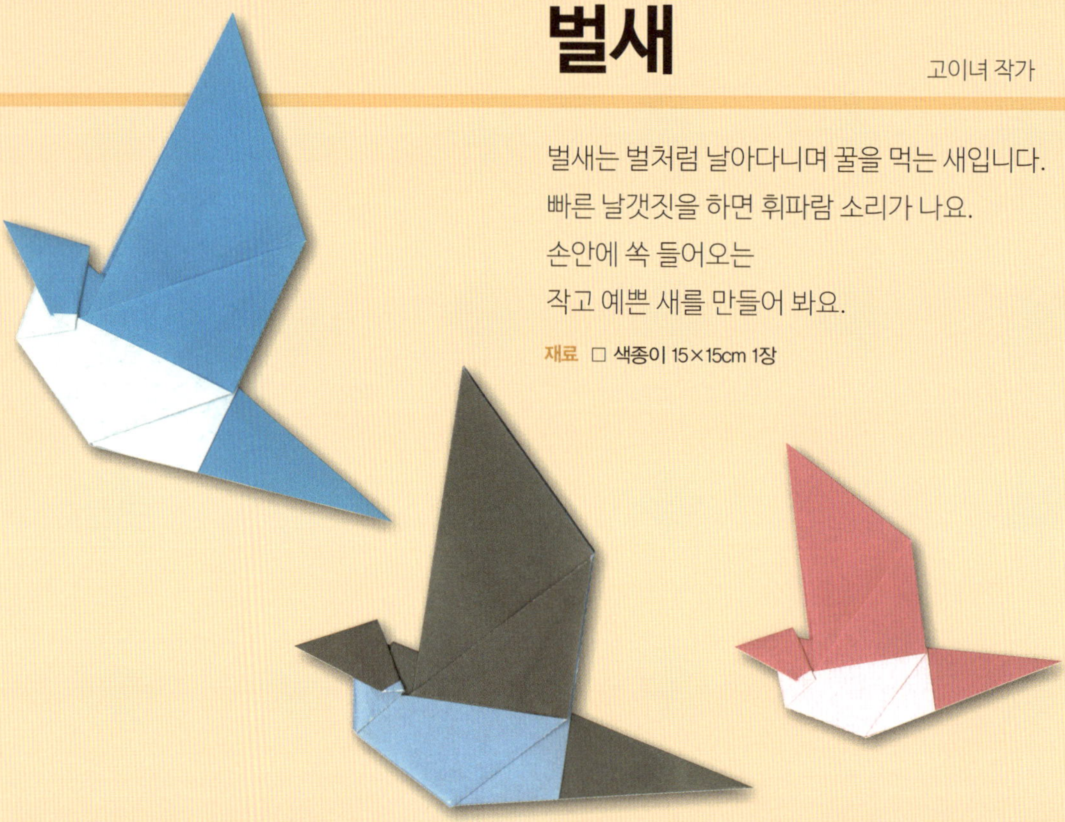

벌새는 벌처럼 날아다니며 꿀을 먹는 새입니다.
빠른 날갯짓을 하면 휘파람 소리가 나요.
손안에 쏙 들어오는
작고 예쁜 새를 만들어 봐요.

재료 □ 색종이 15×15cm 1장

start

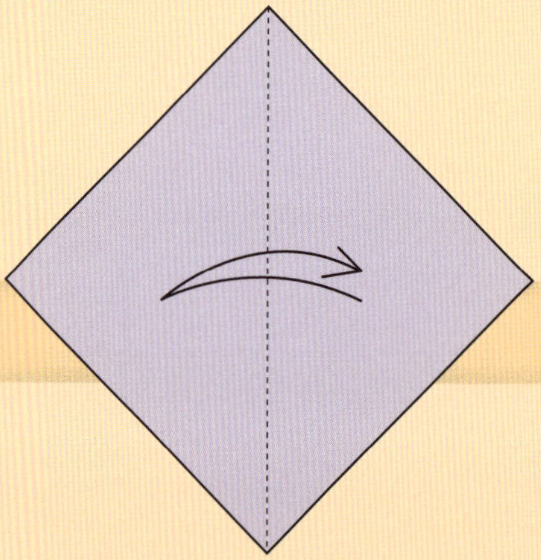

01 색이 보이게 놓고
세모로 접었다 펴요.

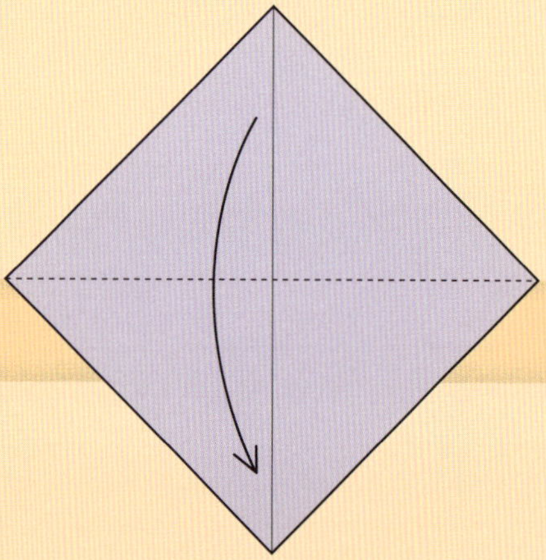

02 접어 내려요.

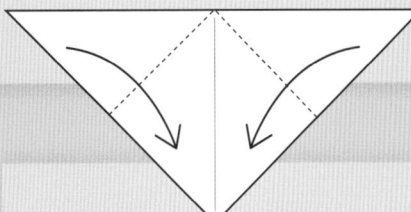

03 중심선에 맞춰 접어 내려요.

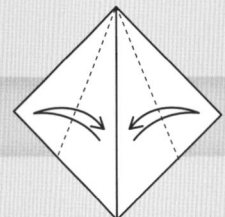

04 윗장만 접었다 펴요.

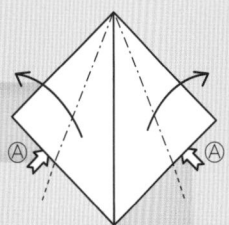

05 Ⓐ 부분에 손을 넣어
    펼치며 눌러 접어요.

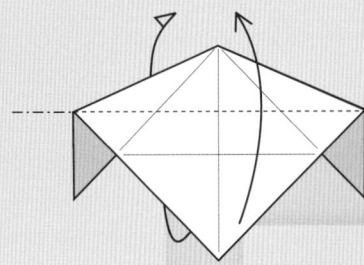

08 앞뒤를 각각 접어 올려요.

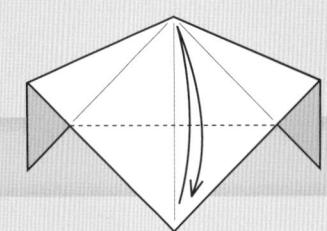

07 윗장만 접었다 펴요.

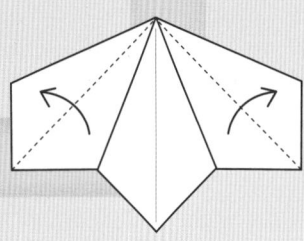

06 윗장만 접어 올려요.

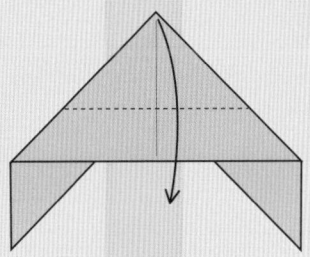

09 앞 장만 선대로 접어
    내리고 돌려요.

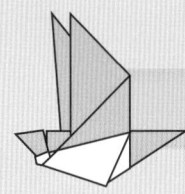

14 완성.

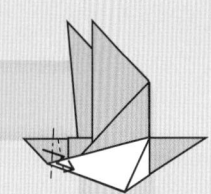

13 앞뒤 모두 계단 모양으로
    접어요.

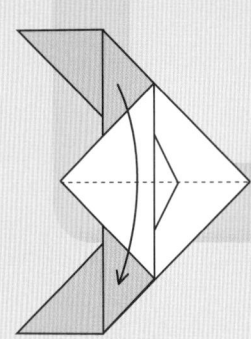

10 반으로 접어 내려요.

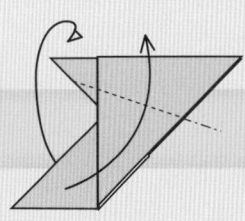

11 앞뒤를 각각 비스듬히
    접어 올려요.

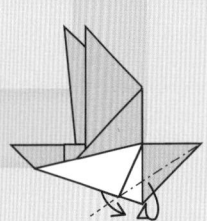

12 앞뒤를 각각 안으로
    접어 넣어요.

박쥐

박은경 작가

새처럼 날아다니는 박쥐는 주로 밤에 활동해요.
앞다리가 날기 쉽게 변형되었는데
주로 동굴이나 나무가 많은 숲에 살아요.
박쥐가 어떻게 생겼는지 직접 접어 볼까요?

재료 □ 박쥐 몸 : 색종이 15×15cm 1장
　　 □ 박쥐 날개 : 색종이 15×15cm 세모로 자른 1/2장

**Start
박쥐 몸**

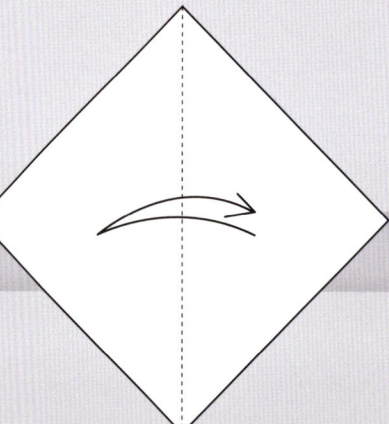

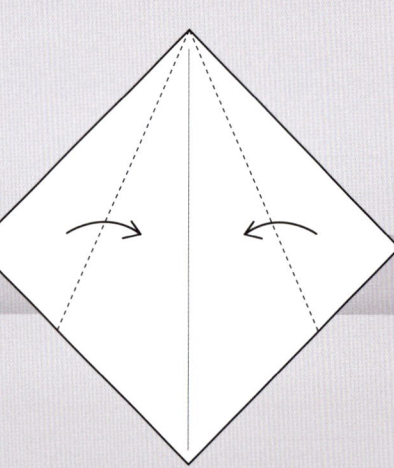

01 세모로 접었다 펴요.

02 중심선에 맞춰 양쪽을 접어요.

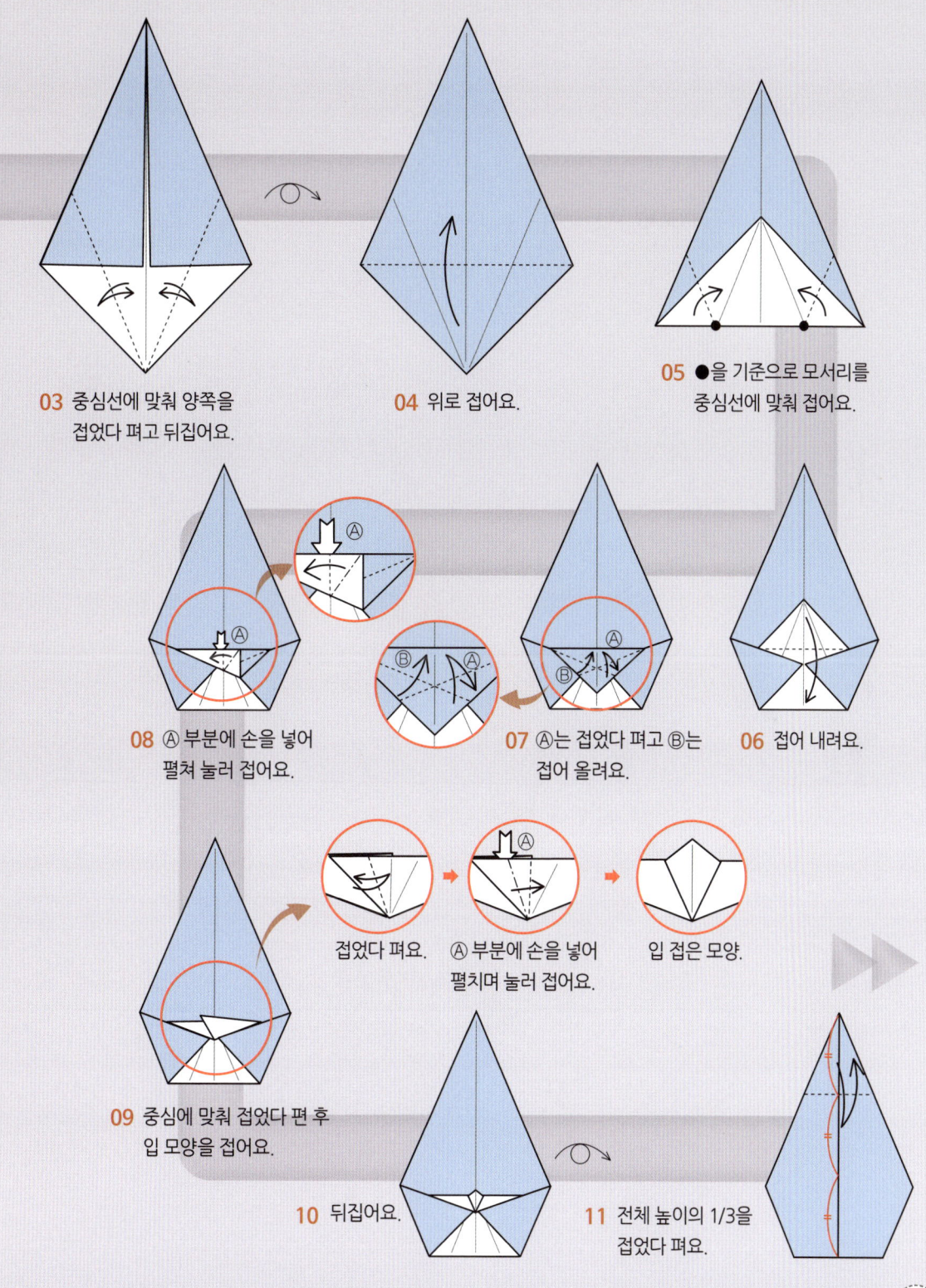

03 중심선에 맞춰 양쪽을
접었다 펴고 뒤집어요.

04 위로 접어요.

05 ●을 기준으로 모서리를
중심선에 맞춰 접어요.

08 Ⓐ 부분에 손을 넣어
펼쳐 눌러 접어요.

07 Ⓐ는 접었다 펴고 Ⓑ는
접어 올려요.

06 접어 내려요.

접었다 펴요.

Ⓐ 부분에 손을 넣어
펼치며 눌러 접어요.

입 접은 모양.

09 중심에 맞춰 접었다 편 후
입 모양을 접어요.

10 뒤집어요.

11 전체 높이의 1/3을
접었다 펴요.

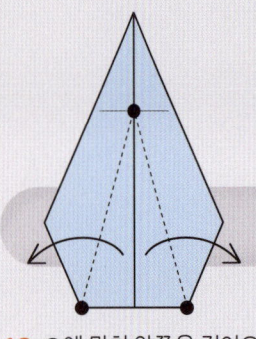

12 ●에 맞춰 양쪽을 접어요.

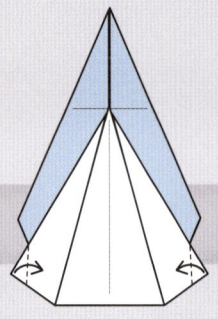

13 양쪽 모서리를 접어요.

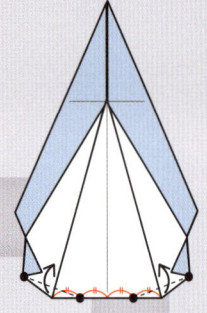

14 점에 맞춰 접어 올려요.

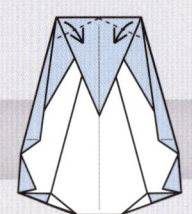

17 양쪽을 접어 내려요.

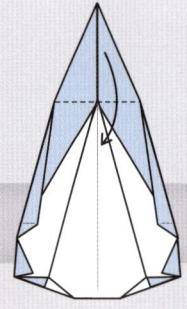

16 선대로 접어 내려요.

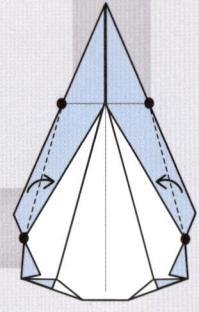

15 ●에 맞춰 접어요.

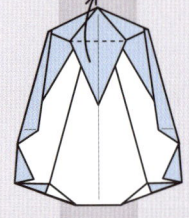

18 접어 올려요.

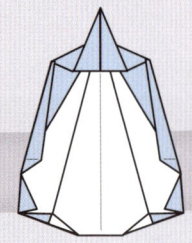

19 뒤집어요.

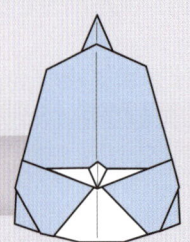

20 몸 완성.

**Start
날개**

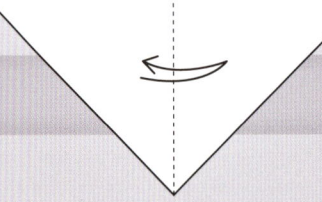

01 세모 종이로 반을 접었다 펴요.

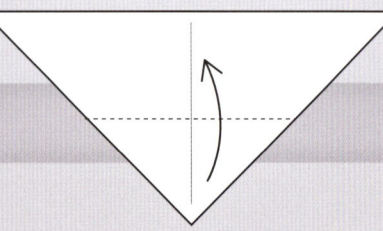

02 중심에 맞춰 접어 올려요.

아이와 아빠가 함께 접는 **신나는 종이접기**

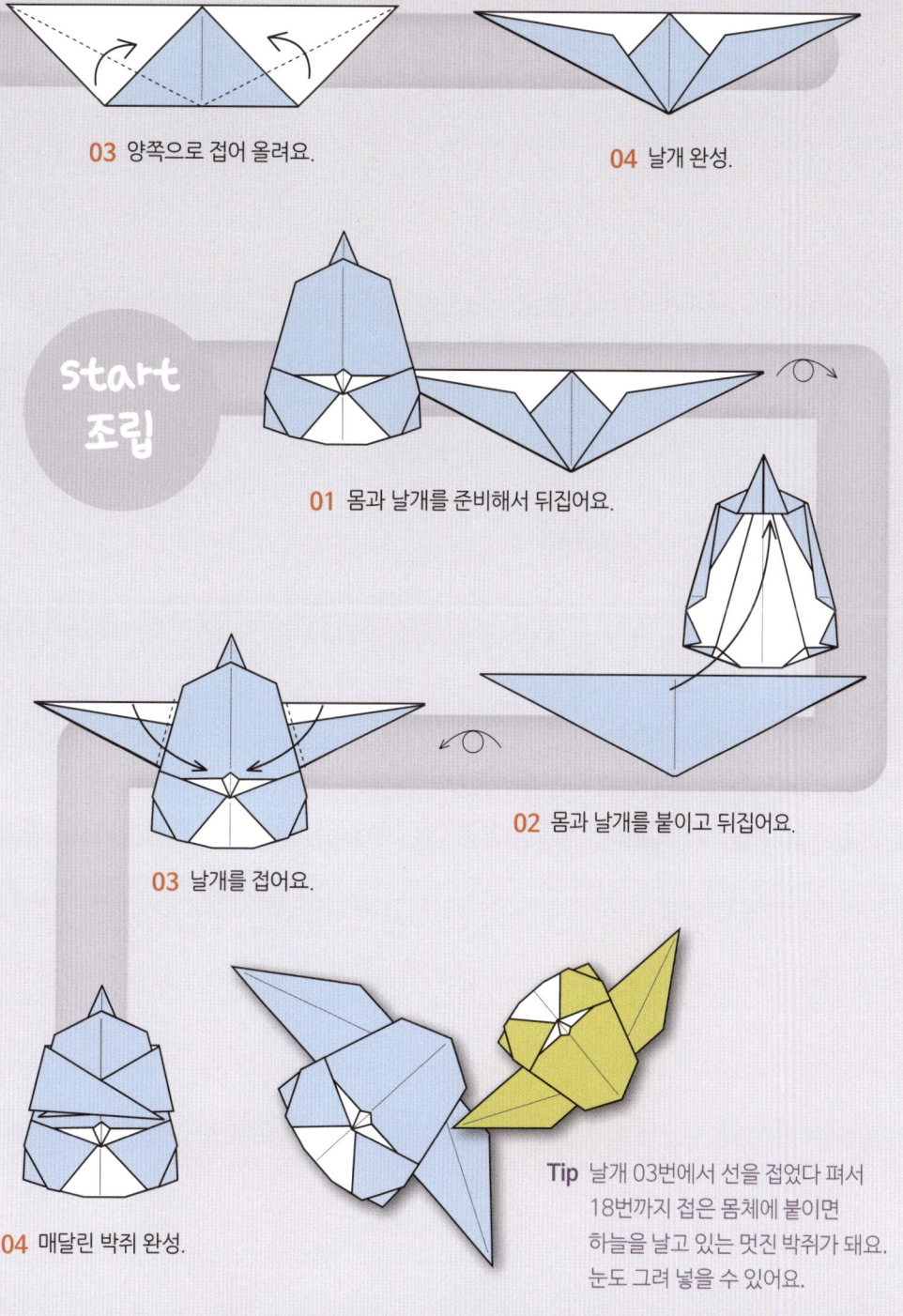

03 양쪽으로 접어 올려요.

04 날개 완성.

Start
조립

01 몸과 날개를 준비해서 뒤집어요.

02 몸과 날개를 붙이고 뒤집어요.

03 날개를 접어요.

04 매달린 박쥐 완성.

Tip 날개 03번에서 선을 접었다 펴서
18번까지 접은 몸체에 붙이면
하늘을 날고 있는 멋진 박쥐가 돼요.
눈도 그려 넣을 수 있어요.

바다에는
어떤 동물들이 살고 있을까요?

넓은 바다에 커다란 고래와 물고기들이 떼를 지어 이동을 하고
가오리는 펄럭이며 헤엄을 치고 있어요.
거북이 가족은 떼를 지어 어디론가 가고 있네요.
얼음 위에 펭귄들은 추운지 옹기종기 모여 있어요.

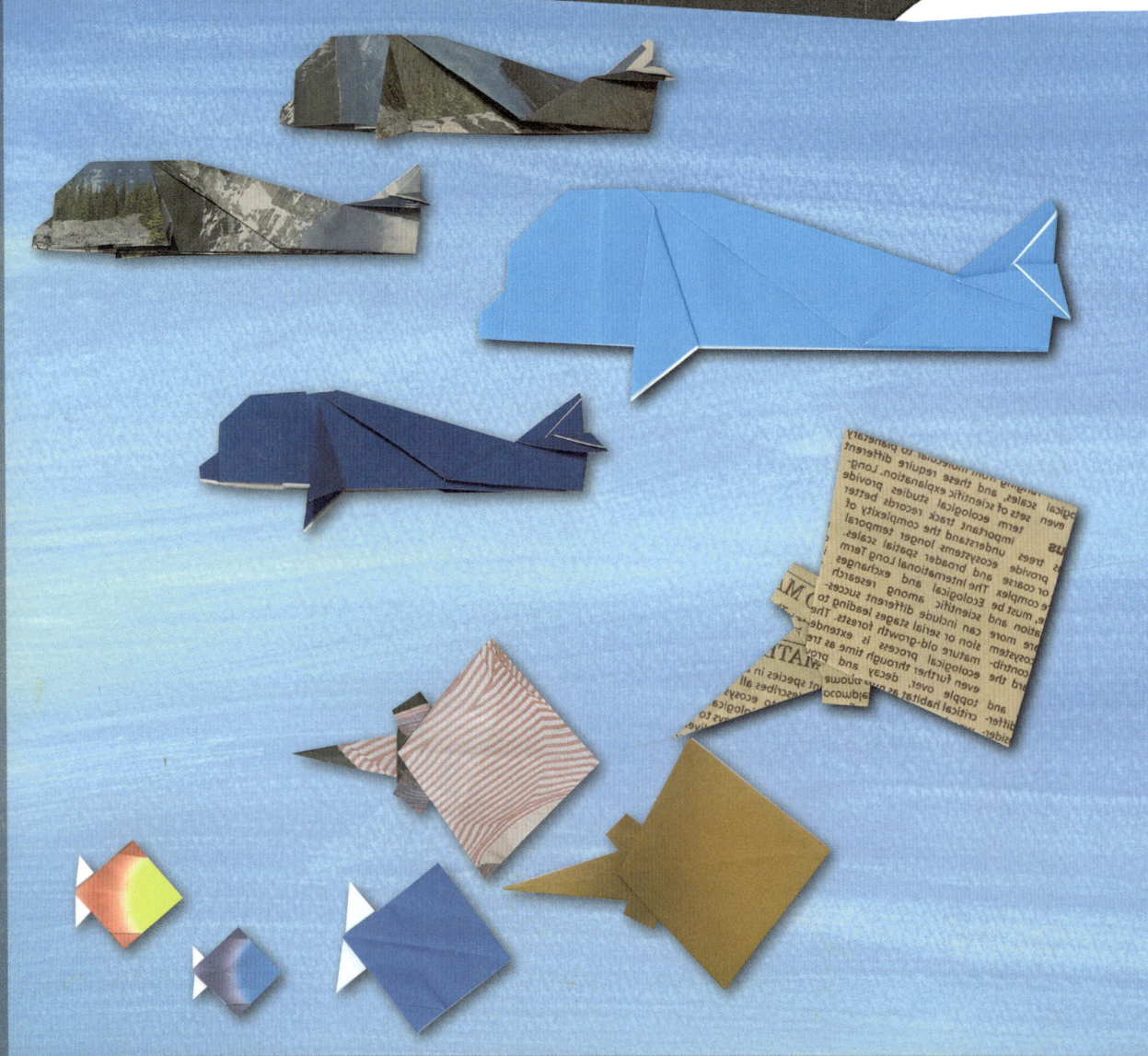

파란 바닷속에는 어떤 동식물들이 살고 있는지 아이와 함께 꾸며 보면서 이야기를 만들어 봐요. 물고기와 거북이 등을 만들기도 하고, 물고기들이 놀 수 있는 물풀이나 바위 등도 그려 주면서 재미있게 바닷속을 꾸며 줘요.

물고기

박은경 작가

물속에는 다양한 크기와 모양의
물고기들이 살고 있어요.
멋진 지느러미로 물속을 헤엄치는
알록달록 물고기를 만들어 봐요.

재료 □ 색종이 15×15cm 1장

Start

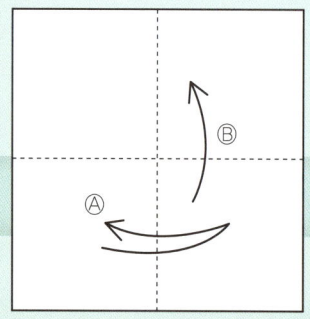

01 Ⓐ는 접었다 펴고 Ⓑ는 접어 올려요.

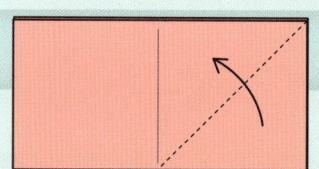

02 중심선에 맞춰 접어 올리고
뒤집어요.

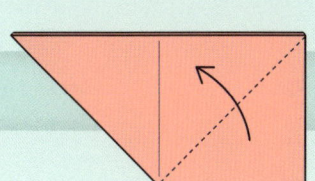

03 중심선에 맞춰 접어 올려요.

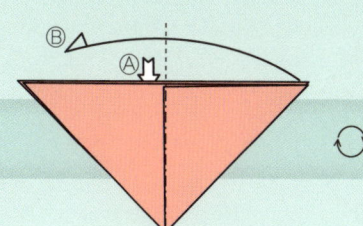

04 Ⓐ 부분에 손을 넣어 Ⓑ 방향으로 펼치며 눌러 접고 돌려요.

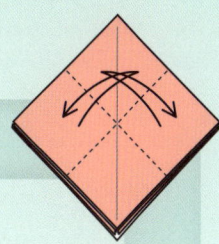

05 접었다 펴요.

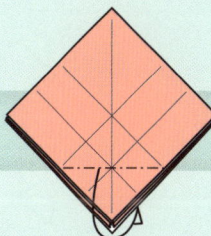

07 윗장만 뒤로 접어 넣어요.

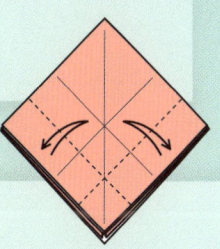

06 접었다 펴요.

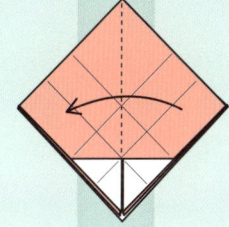

08 윗장만 왼쪽으로 접어요.

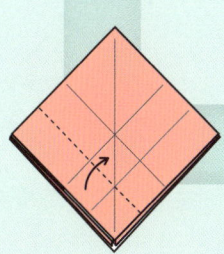

09 윗장만 선대로 접어 올려요.

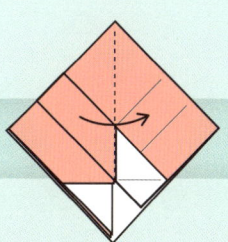

10 윗장만 오른쪽으로 접어요.

11 반대쪽도 8~10과 같은 방법으로 접어요.

12 뒤집어요.

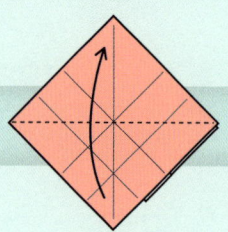

13 윗장만 접어 올려요.

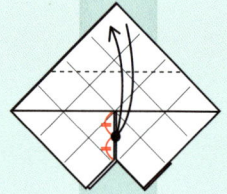

14 ●에 맞춰 접었다 펴요.

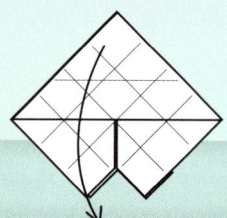

15 윗장을 펴요.

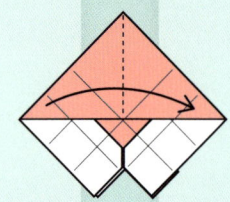

16 윗장을 계단 모양으로
　　접어 넣어요.

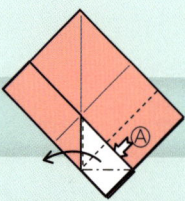

18 Ⓐ 부분에 손을 넣어 펼치며
　　눌러 접어요.

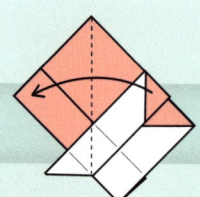

19 윗장을 왼쪽으로 접어요.

17 윗장을 오른쪽으로
　　접어요.

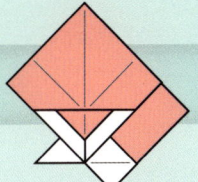

20 반대쪽도 17~19와 같은
방법으로 접어요.

21 뒤집어요.

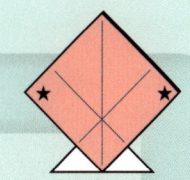

22 ★ 부분 양쪽 모서리를
아래쪽 세모 주머니에
끼워 넣고 돌려요.

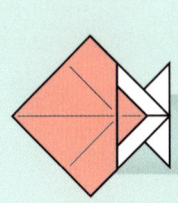

24 완성.

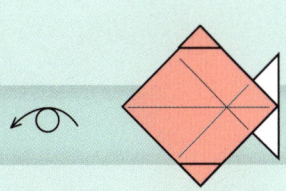

23 뒤집어요.

Tip 앞뒤 모양이 다르니
양쪽으로 활용해 보세요.

가오리

박은경 작가

가오리는 넓은 마름모 모양을 한
꼬리가 긴 바닷물고기예요.
꼬리 끝에 독 가시가 있는 무서운 물고기이지만
바닷속을 멋지게 헤엄쳐 다녀요.

재료 □ 가오리 몸 : 색종이 15×15cm 1장
　　 □ 가오리 지느러미 : 색종이 5×5cm 1장

Start
몸

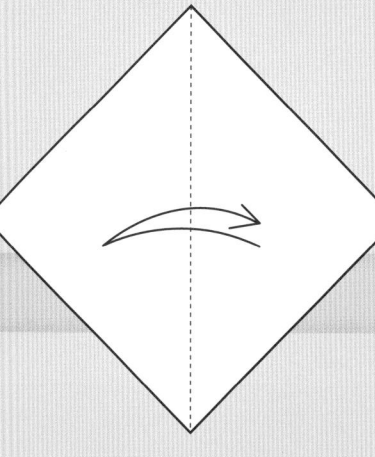

01 세모로 접었다 펴요.

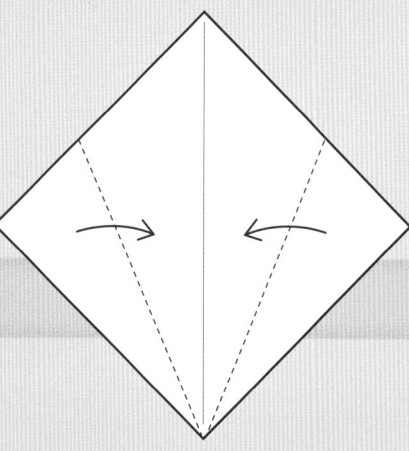

02 중심선에 맞춰 선대로 접어요.

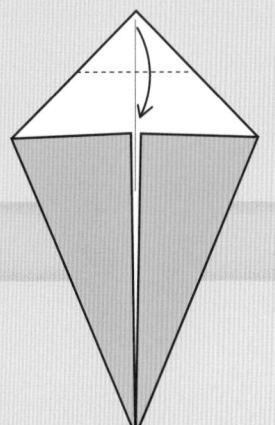

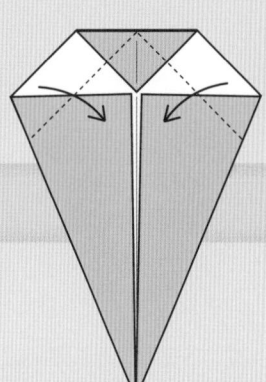

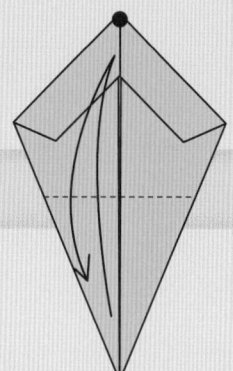

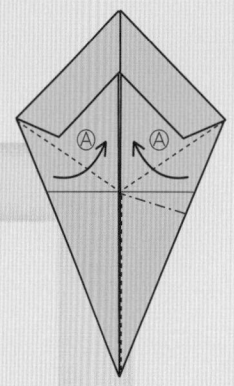

03 접어 내려요.

04 중심선에 맞춰 평행이
되도록 접어 내려요.

05 ●에 맞춰 접었다 펴요.

06 Ⓐ를 접으면서 오른쪽
으로 모아 접어요.

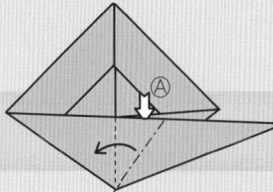

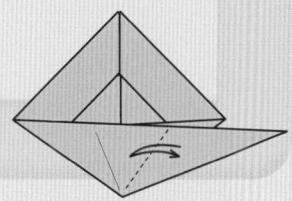

08 Ⓐ 부분에 손을 넣어 펼쳐
눌러 접어요.

07 중심선에 맞춰 접었다 펴요.

09 중심선에 맞춰 접었다 펴요.

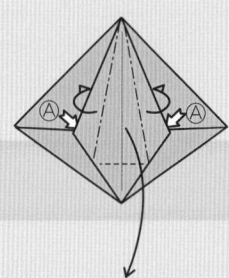

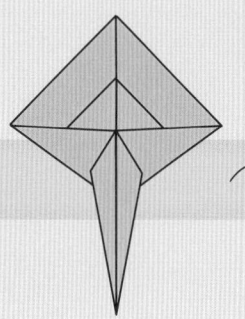

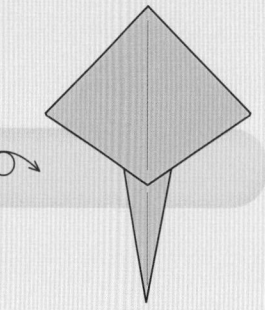

10 Ⓐ 부분에 손을 넣어 펼쳐
눌러 선대로 접어요.

11 뒤집어요.

12 가오리 몸 완성.

동식물을 만들어 봐요

start
지느러미

5×5cm 종이가 너무 작아
300% 확대 보기로 해요.

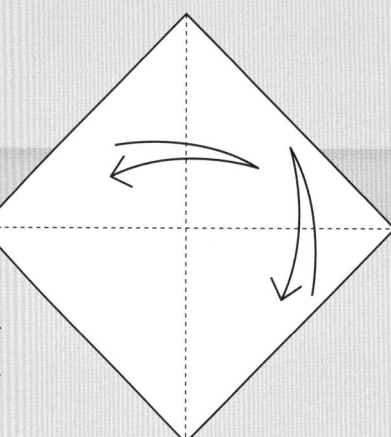

01 세모로 접었다 펴요.

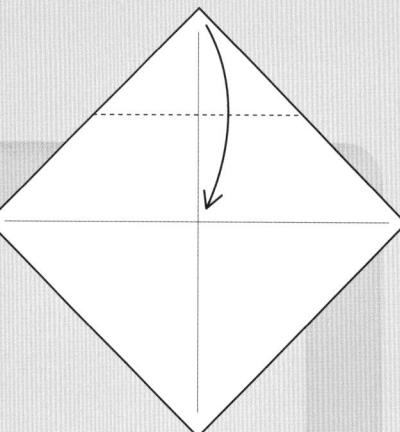

02 중심에 맞춰 접어 내려요.

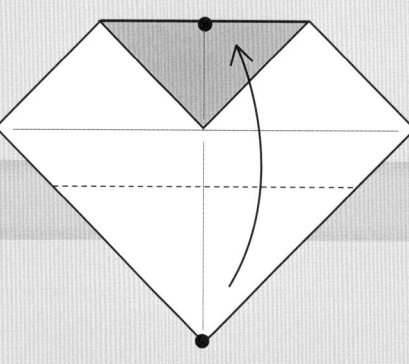

03 ●끼리 맞춰 접어 올려요.

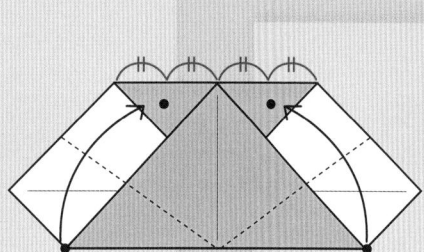

04 ●끼리 맞춰 접어 올려요.

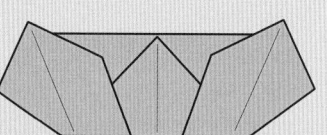

06 가오리 지느러미 완성.

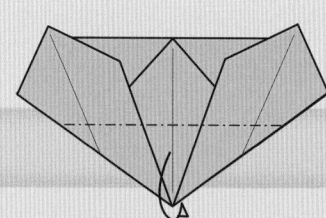

05 뒤로 반을 접어 올려요.

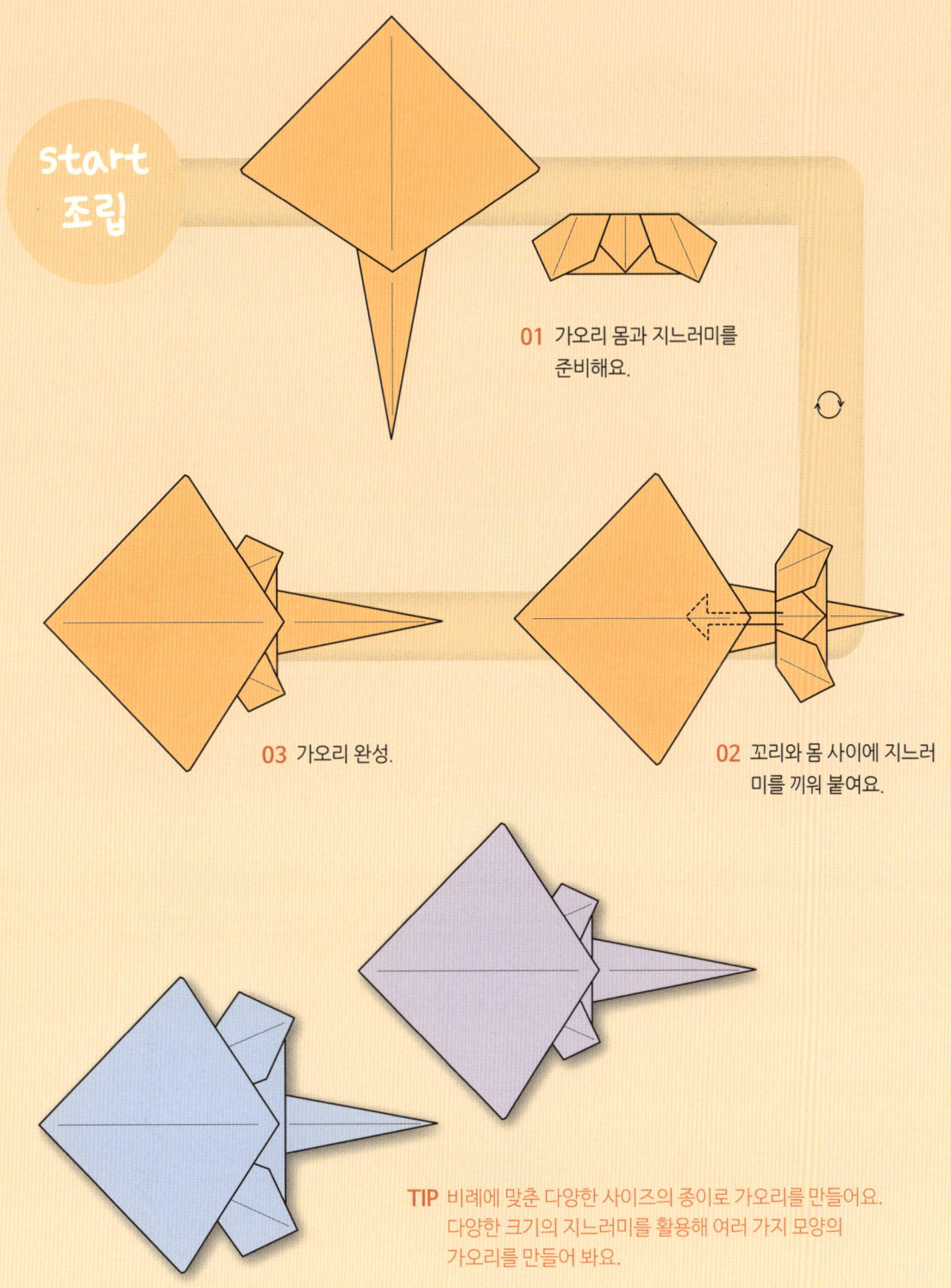

01 가오리 몸과 지느러미를
준비해요.

03 가오리 완성.

02 꼬리와 몸 사이에 지느러
미를 끼워 붙여요.

TIP 비례에 맞춘 다양한 사이즈의 종이로 가오리를 만들어요.
다양한 크기의 지느러미를 활용해 여러 가지 모양의
가오리를 만들어 봐요.

펭귄

박은경 작가

다리가 짧아 뒤뚱뒤뚱 걷는 펭귄은
귀엽고 동그란 몸을 가지고 있어요.
짧은 날개 때문에 날지는 못하지만
바닷속을 자유롭게 헤엄쳐 다닌답니다.

재료 □ 색종이 15×15㎝ 1장

start

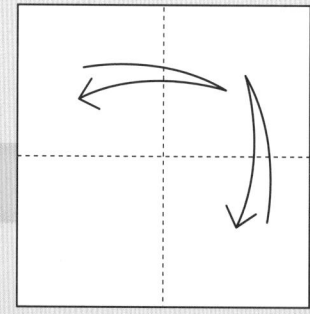

01 네모로 접었다 펴요.

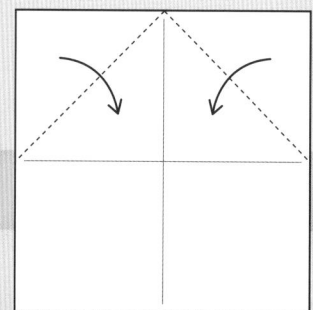

02 중심선에 맞춰 접어요.

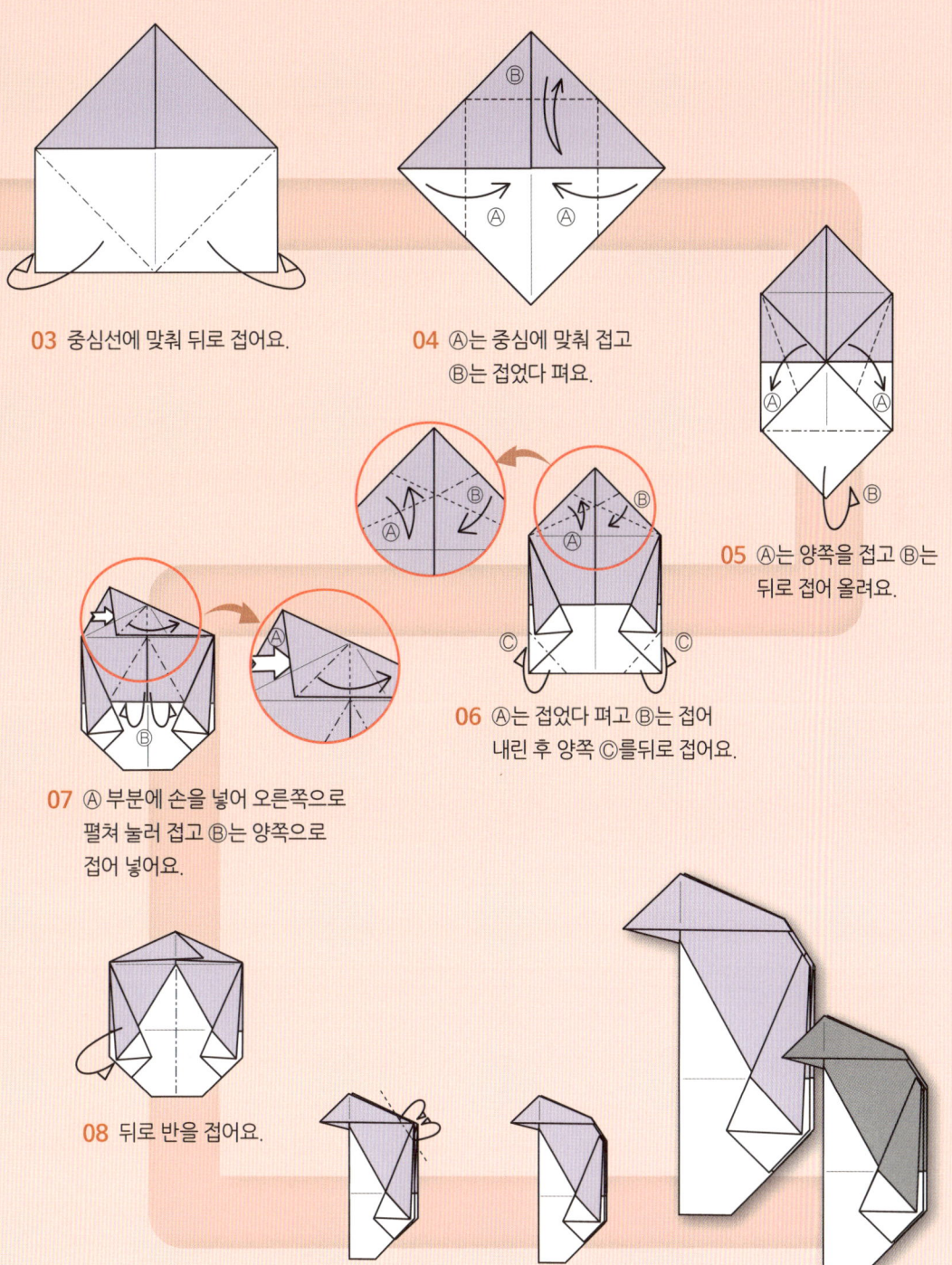

03 중심선에 맞춰 뒤로 접어요.

04 Ⓐ는 중심에 맞춰 접고
Ⓑ는 접었다 펴요.

05 Ⓐ는 양쪽을 접고 Ⓑ는
뒤로 접어 올려요.

06 Ⓐ는 접었다 펴고 Ⓑ는 접어
내린 후 양쪽 Ⓒ를 뒤로 접어요.

07 Ⓐ 부분에 손을 넣어 오른쪽으로
펼쳐 눌러 접고 Ⓑ는 양쪽으로
접어 넣어요.

08 뒤로 반을 접어요.

09 앞뒤를 각각 안으로
접어 넣어요.

10 펭귄 완성.

동식물을 만들어 봐요

바다거북

고이녀 작가

거북이는 바다에 사는 거북도 있고,
육지에 사는 거북도 있어요.
등과 배가 딱딱해서 위협을 느낄 때는
머리와 꼬리, 네 발을 몸 안으로 움츠려 넣기도 해요.

재료 □ 거북이 머리와 등 : 색종이 15×15cm 1장
　　　□ 거북이 다리와 배 : 색종이 15×15cm 1장

Start 머리와 등

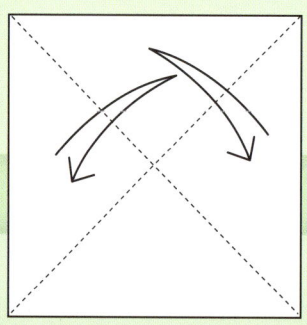

01 세모로 접었다 펴요.

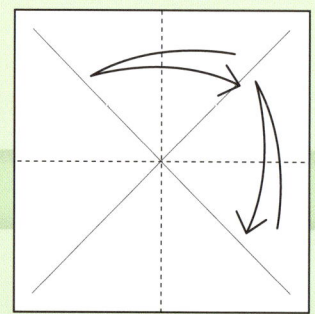

02 네모로 접었다 펴요.

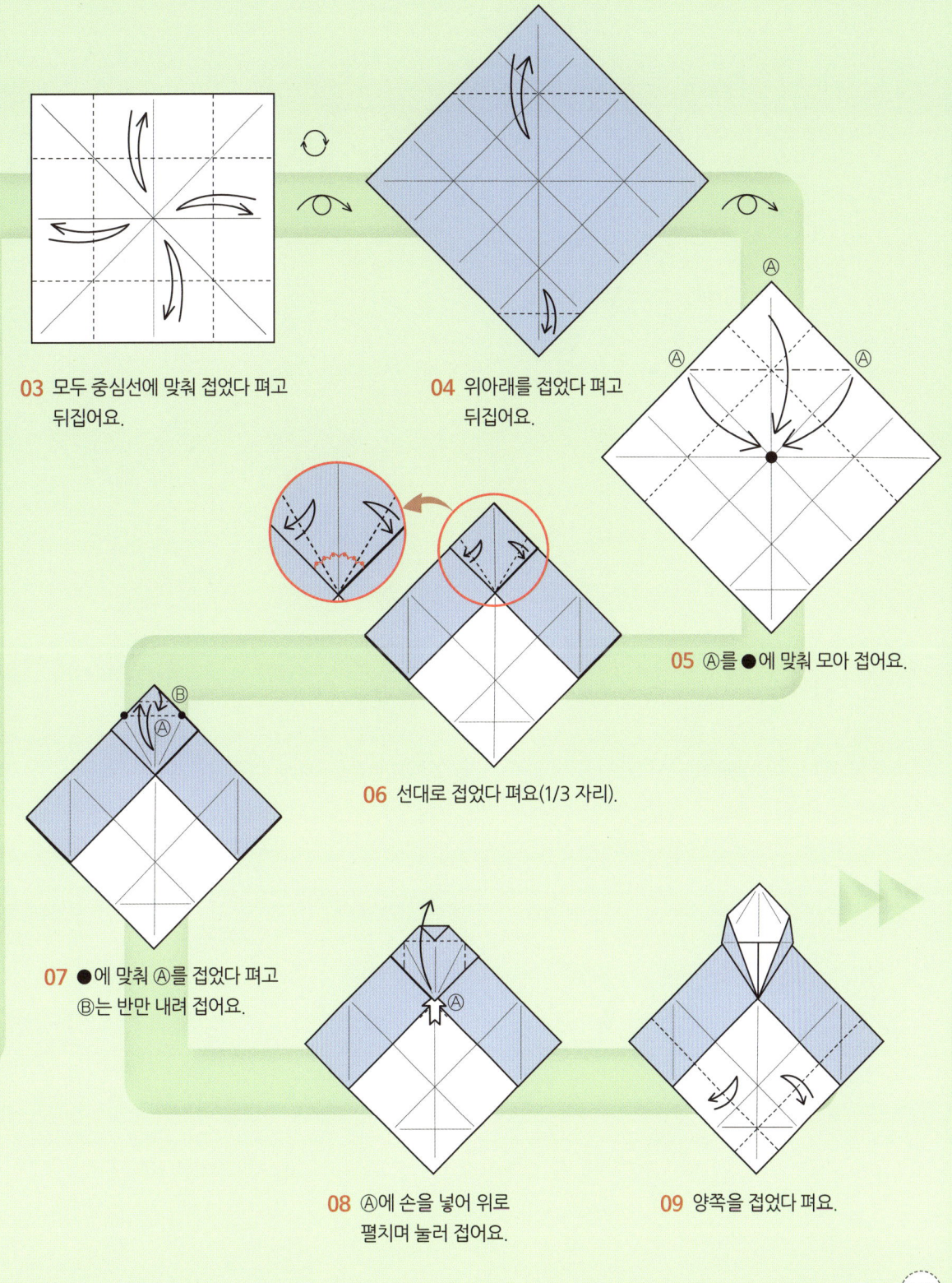

03 모두 중심선에 맞춰 접었다 펴고
뒤집어요.

04 위아래를 접었다 펴고
뒤집어요.

05 Ⓐ를 ●에 맞춰 모아 접어요.

06 선대로 접었다 펴요(1/3 자리).

07 ●에 맞춰 Ⓐ를 접었다 펴고
Ⓑ는 반만 내려 접어요.

08 Ⓐ에 손을 넣어 위로
펼치며 눌러 접어요.

09 양쪽을 접었다 펴요.

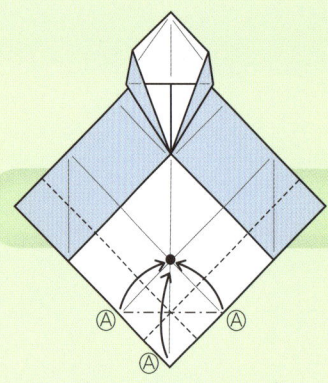

10 05처럼 Ⓐ를 ●에 맞춰 모아
접어요.

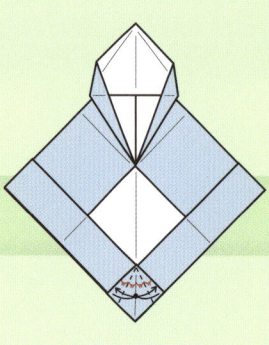

11 중심선에 맞춰 양쪽을
접었다 펴요.

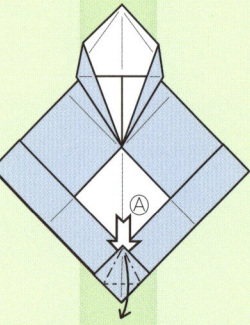

12 Ⓐ 부분에 손을 넣어 아래로
펼치며 눌러 접어요.

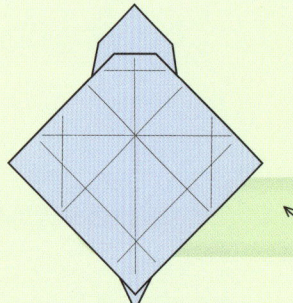

14 거북 머리와 등 완성.

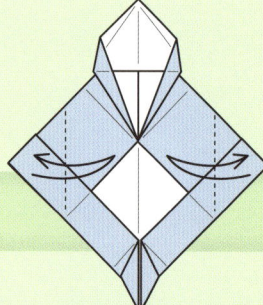

13 양쪽 모두 접었다 펴고
뒤집어요.

start
배와 다리

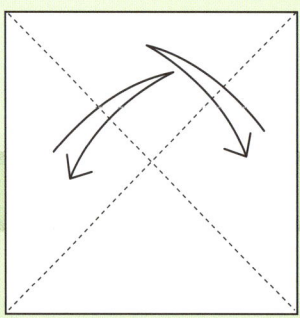

01 세모로 접었다 펴요.

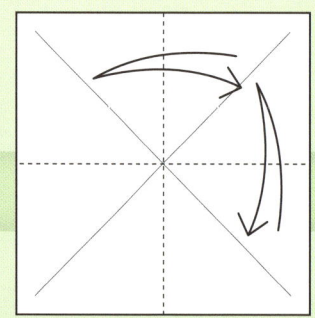

02 네모로 접었다 펴요.

아이와 아빠가 함께 접는 **신나는 종이접기**

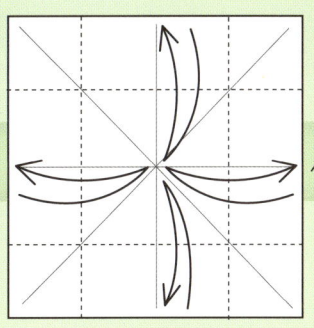

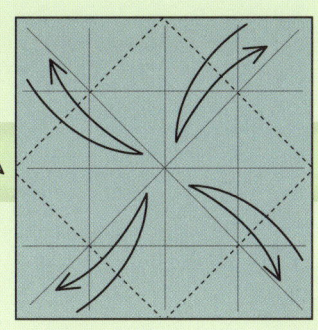

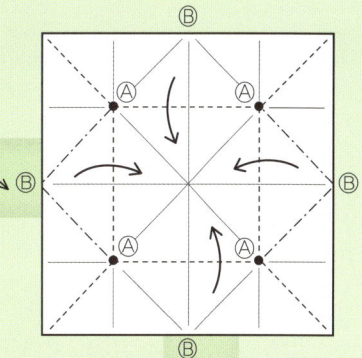

03 중심선에 맞춰 접었다 펴고
뒤집어요.

04 중심점에 맞춰 접었다 펴고
뒤집어요.

05 Ⓐ를 살짝 눌러 주고 Ⓑ를 중심
점에 맞춰 06 모양대로 접어요.

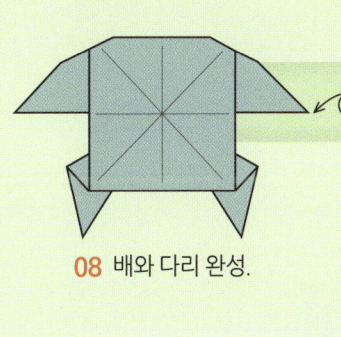

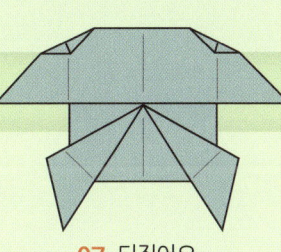

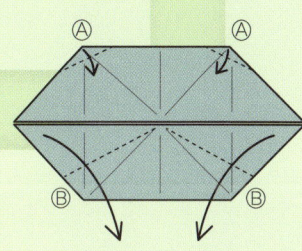

08 배와 다리 완성.

07 뒤집어요.

06 Ⓐ 윗부분 모서리를 약간 접어
주고 아랫부분 Ⓑ는 양쪽을
비스듬히 접어 내려요.

Start
조립

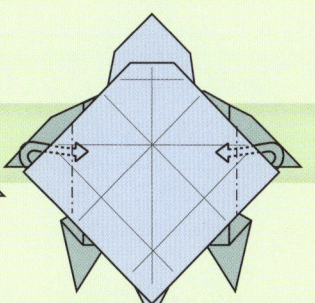

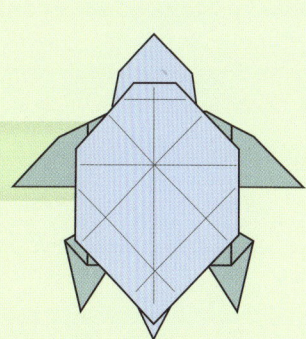

01 머리와 등, 배와 다리를
준비해요.

02 거북이 머리와 등 부분 아래에
배와 다리 부분을 놓고 양쪽을
접어 끼워요.

03 바다거북 완성.

동식물을 만들어 봐요

고래

박은경 작가

고래는 바닷속 포유류 중 가장 큰 동물이에요.
머리도 좋고 귀여운 동물로
사람들의 사랑을 많이 받고 있어요.
다양한 종이로 멋진 고래를 만들어 볼까요?

재료 ☐ 색종이 15×15cm 1장
　　 ☐ 코끼리 피리, 빨대, 테이프

start

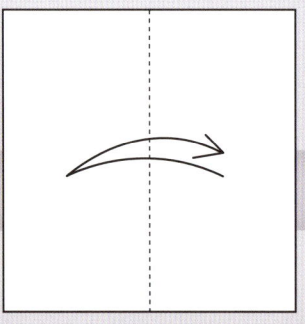

01 네모로 접었다 펴요.

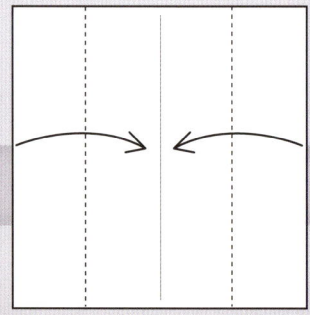

02 중심선에 맞춰 양쪽을 접어요.

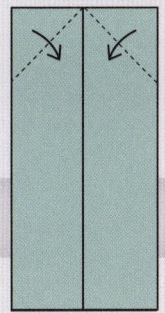

03 위쪽을 세모로
접어 내려요.

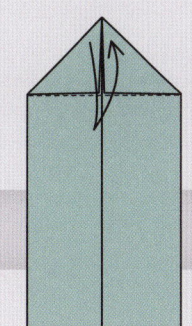

04 아래로 접었다 펴요.

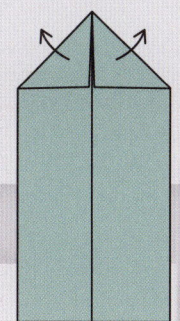

05 양쪽을 펴요.

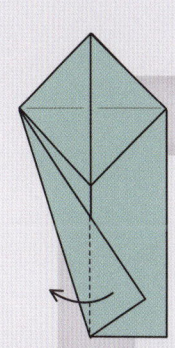

08 중심선에 맞춰 접어요.

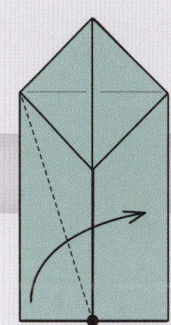

07 접어 올려요.

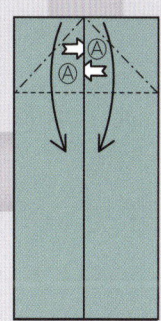

06 Ⓐ 부분에 손을 넣어
아래쪽으로 펼치며
눌러 접어요.

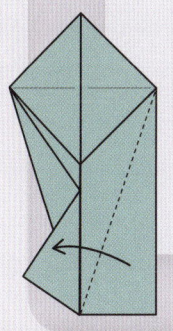

09 반대쪽도 접어요.

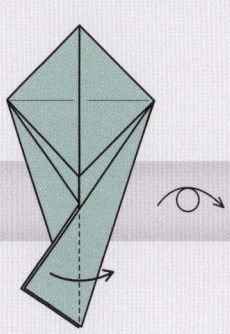

10 중심선에 맞춰 접고
뒤집어요.

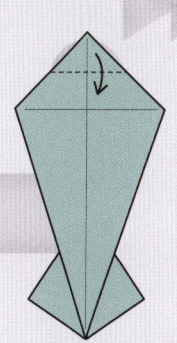

11 위쪽을 접어 내려요.

동식물을 만들어 봐요

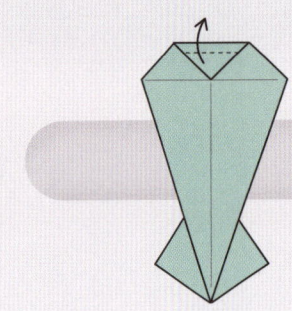

12 조금만 접어 올려요.

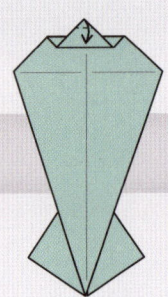

13 접어 내려요.

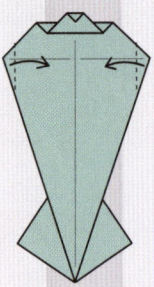

14 양쪽을 조금만
접어요.

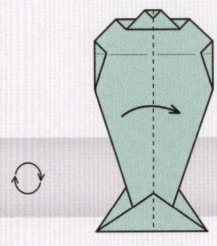

16 중심선에 맞춰 선대로
반을 접은 후 돌려요.

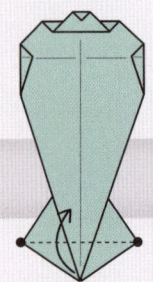

15 ●에 맞춰 접어 올려요.

17 앞뒤를 각각 비스듬히
접어 내려요.

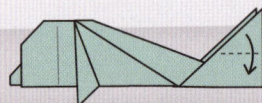

18 윗장만 접어 내려요.

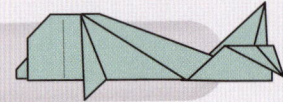

19 완성.

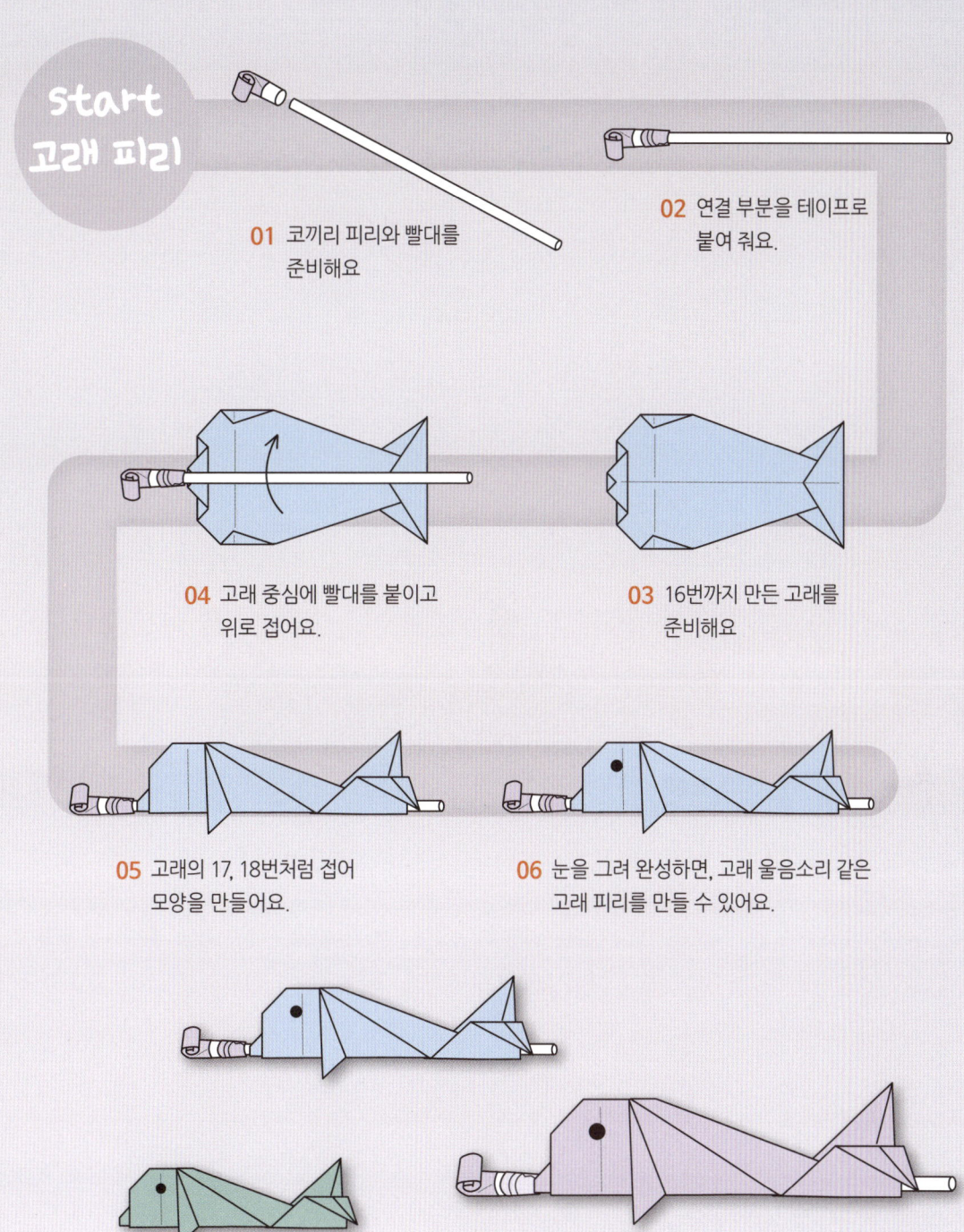

01 코끼리 피리와 빨대를
준비해요

02 연결 부분을 테이프로
붙여 줘요.

04 고래 중심에 빨대를 붙이고
위로 접어요.

03 16번까지 만든 고래를
준비해요

05 고래의 17, 18번처럼 접어
모양을 만들어요.

06 눈을 그려 완성하면, 고래 울음소리 같은
고래 피리를 만들 수 있어요.

PART 2
탈것을 만들어 봐요

종이접기로 만드는 신나는 세상
아빠와 함께 종이를 접어
땅과 바다, 그리고 하늘을 마음껏 꾸며 봐요.

땅과 도로에서는
어떤 것을 타고 다닐까요?

도로에는 빨리 달리며 갈 수 있는 택시와 승용차, 바람을 가르며 신나게 달리는 오토바이,
무거운 짐을 싣고 달리는 트럭이 있어요.
공사장에서 보았던 신기한 모양의 레미콘과 포클레인도 있어요.

탈것 중에는 어떤 것이 있는지 아이와 도로를 그리고 꾸며 보면서 이야기해 보세요. 아이들은 주변에서 볼 수 있는 탈것에 많은 관심을 가지고 있어요. 함께 만들고 붙이고 접으며 도로에서 주의할 점이나 차들의 특성 등에 관해 이야기해 주면 좋아요.

트럭

조은주 작가

무거운 짐을 옮겨 주는 고마운 트럭이에요.
원하는 모양대로 접으면
나만의 멋진 트럭을 만들 수 있어요.

재료 □ 색종이 15×15cm 2장

**Start
트럭 앞**

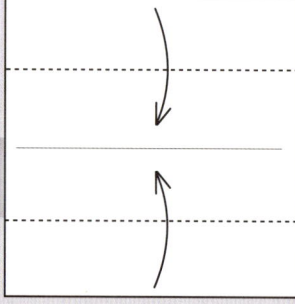

01 네모를 접었다 펴고 중심선에
맞춰 위아래를 접어요.

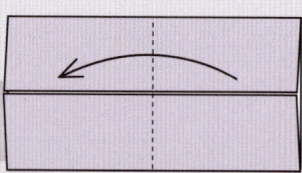

02 반 접어요.

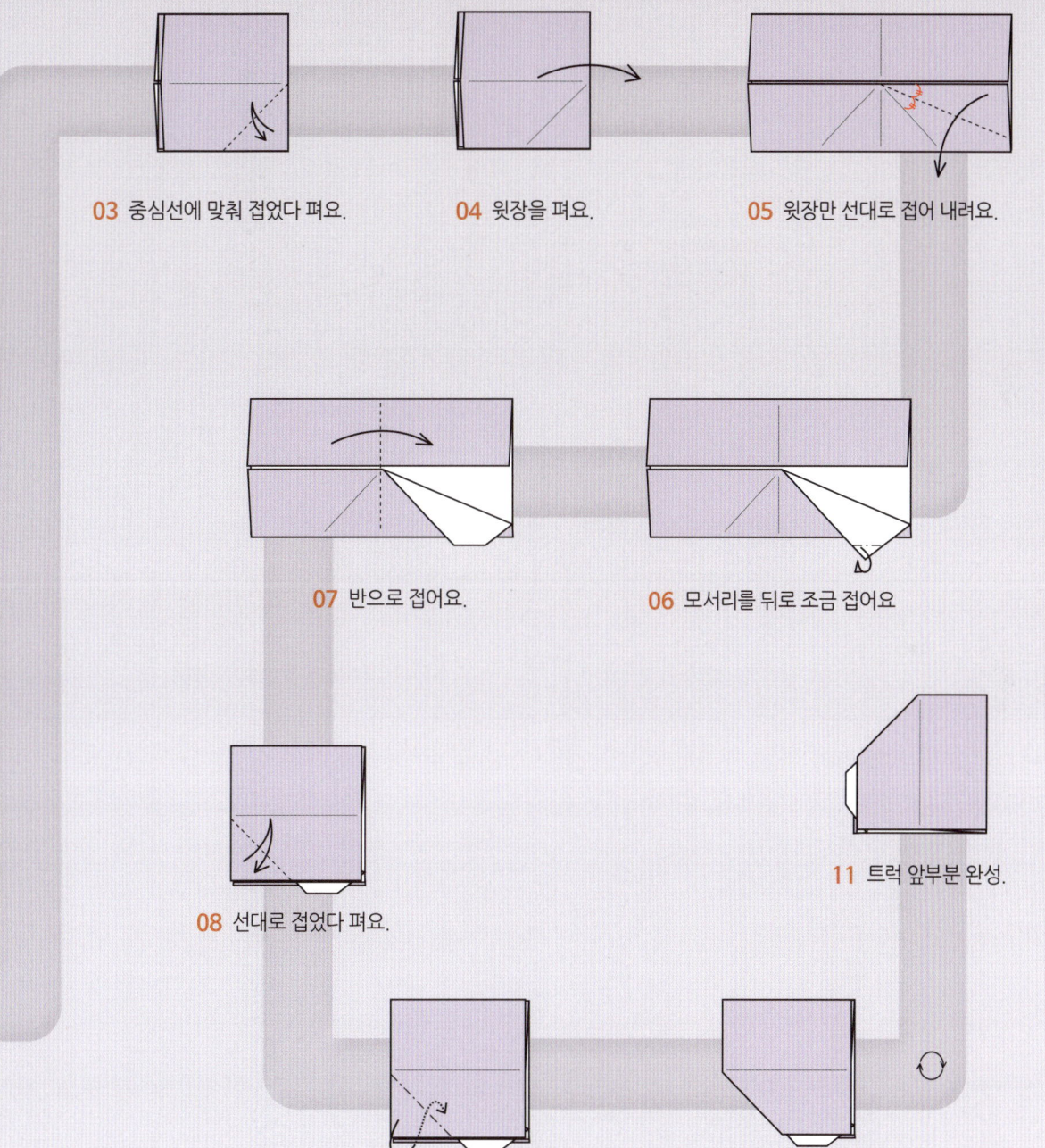

03 중심선에 맞춰 접었다 펴요.

04 윗장을 펴요.

05 윗장만 선대로 접어 내려요.

07 반으로 접어요.

06 모서리를 뒤로 조금 접어요

11 트럭 앞부분 완성.

08 선대로 접었다 펴요.

09 안쪽으로 접어 넣어요.

10 시계 방향으로 돌려요.

탈것을 만들어 봐요

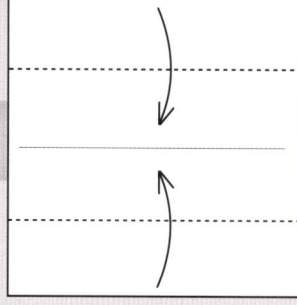

01 네모를 접었다 펴고 중심선에
맞춰 위아래를 접어요.

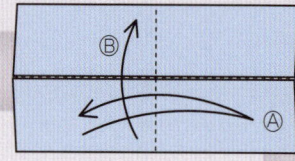

02 Ⓐ처럼 옆으로 반 접었다 펴고
Ⓑ 방향으로 반을 접어 올려요.

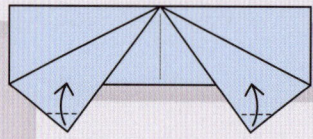

04 양쪽을 조금 접어 올려요.

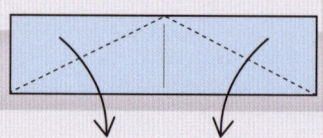

03 양쪽을 윗장만 접어 내려요.

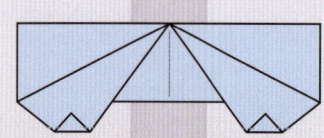

05 뒤집어요.

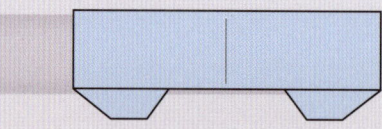

06 트럭 아랫부분 완성.

Start 조립

01 완성한 트럭 앞과 아랫부분을 준비해요.

03 트럭 완성.

02 트럭 앞부분을 아랫부분에 끼워 붙여요.

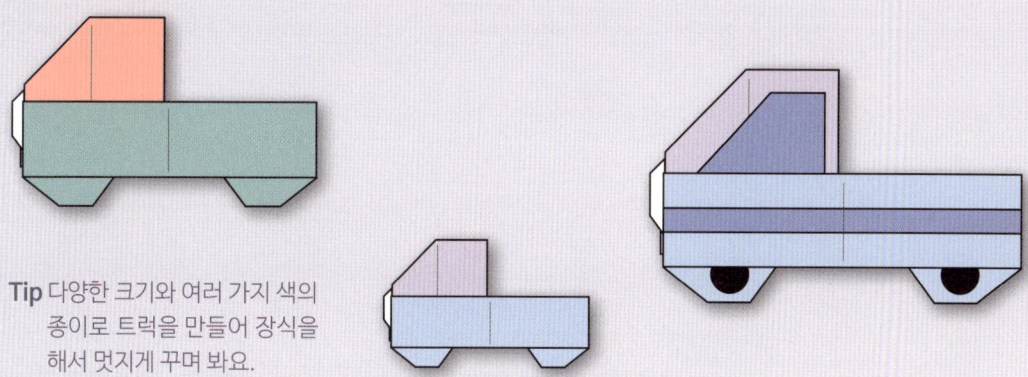

Tip 다양한 크기와 여러 가지 색의 종이로 트럭을 만들어 장식을 해서 멋지게 꾸며 봐요.

레미콘

송미령 작가

트럭 뒤쪽에 커다란 혼합차(트럭믹서)를 싣고
콘크리트가 굳지 않게 하면서
현장으로 배달하는 트럭이에요.
크고 멋진 레미콘을 만들어 봐요.

재료 □ 레미콘 트럭 : 색종이 15×15cm 1장
□ 트럭믹서 : 색종이 12×12cm 1장

**start
트럭**

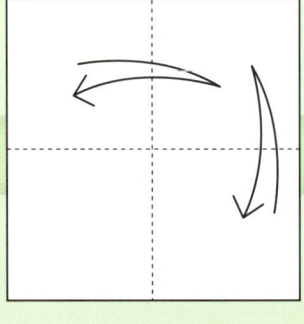

01 네모로 접었다 펴요.

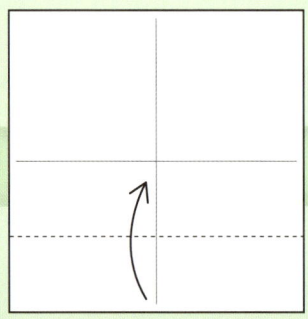

02 중심선에 맞춰 접어 올려요.

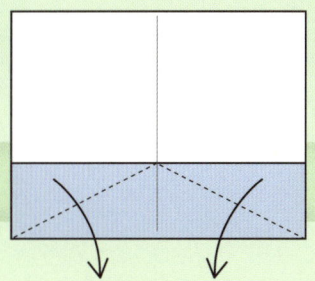

03 양쪽을 접어 내려요.

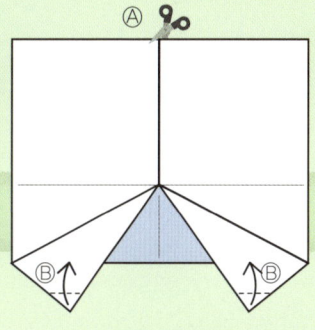

04 Ⓐ는 중심까지 가위로 잘라주고,
Ⓑ는 양쪽을 조금 올려 접어요.

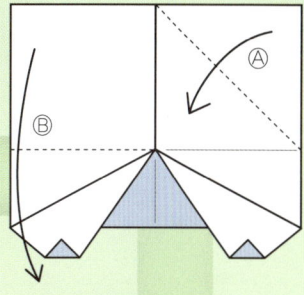

05 Ⓐ는 중심에 맞춰 접어 내리고,
Ⓑ는 내려 접어요.

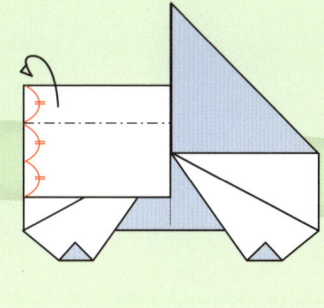

07 1/3만큼 뒤로 접어 내려요.

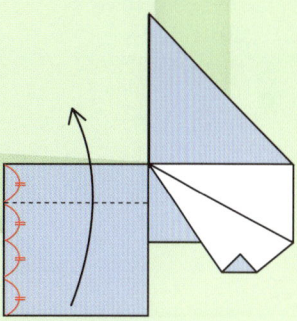

06 1/4을 남기고 접어 올려요.

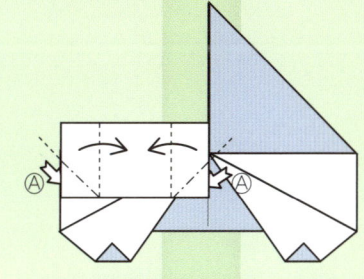

08 Ⓐ 부분에 손을 넣어 가운데로
펼치며 눌러 접어요.

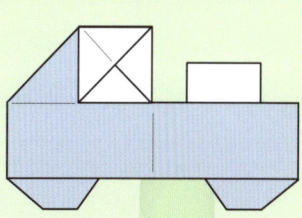

12 트럭 완성.

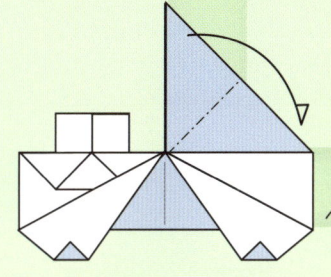

09 뒤로 접고 뒤집어요.

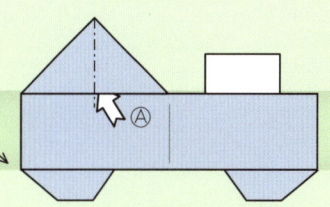

10 Ⓐ 부분에 손을 넣어 펼쳐
눌러 접어요.

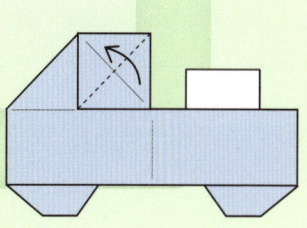

11 윗장만 접어요.

Start
트럭믹서

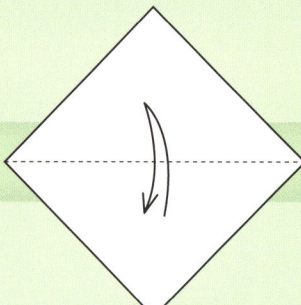

01 세모로 접었다 펴요.

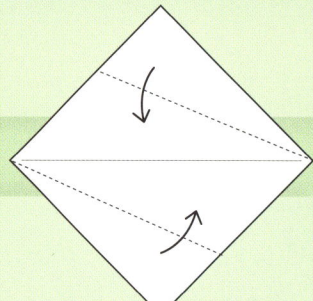

02 중심선에 맞춰 접기선대로
접어요.

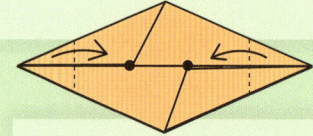

04 ●에 맞춰 양쪽을 접어요.

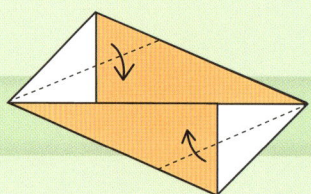

03 중심선에 맞춰 양쪽을 접어요.

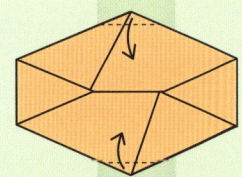

05 위아래를 조금만 접어요.

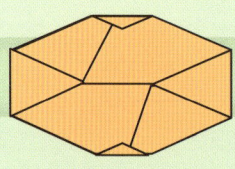

06 뒤집어요.

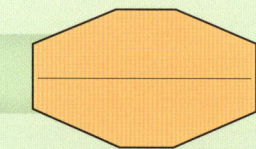

07 트럭믹서 완성.

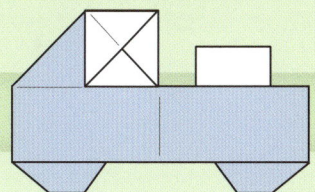

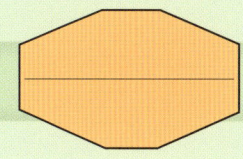

01 트럭과 트럭믹서를 준비해요.

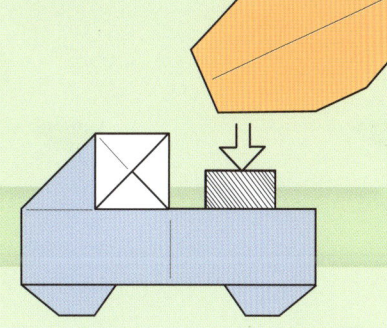

02 트럭믹서를 살짝 기울여서 빗금친
부분에 풀칠하여 붙여 줘요.

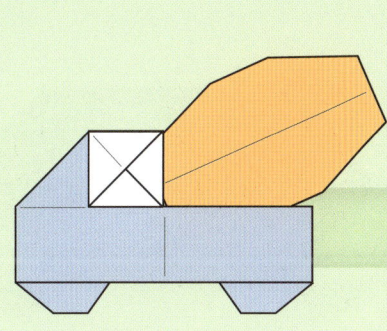

03 레미콘 완성.

Tip 여러 종류의 종이로 다양한
크기의 레미콘을 만들어요.

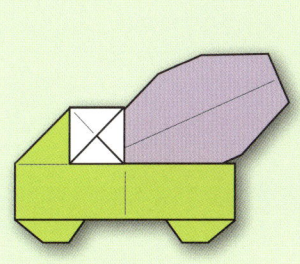

택시

조은주 작가

아이들에게 아주 친숙한 탈것이에요.
주변에서 가장 쉽게 볼 수 있죠.
아이와 함께 택시와 승용차를 접으면서
부릉부릉 씽씽 달려 보아요.

재료 □ 양면 또는 단면 색종이 15×15cm 1장

start
택시

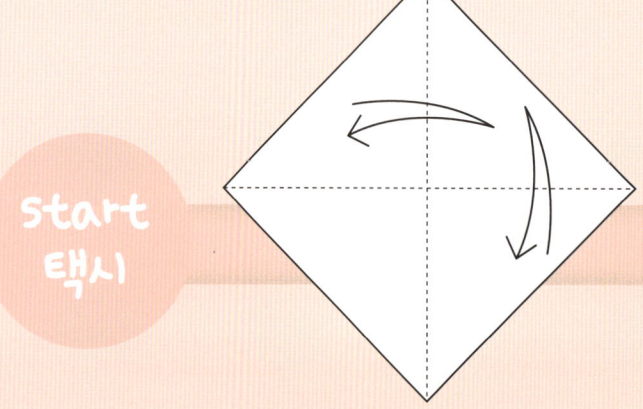

01 세모로 접었다 펴요.

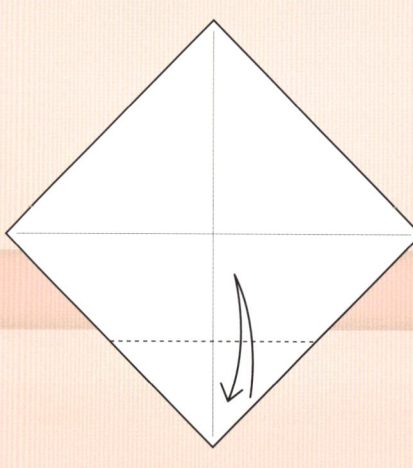

02 중심에 맞춰 접었다 펴요.

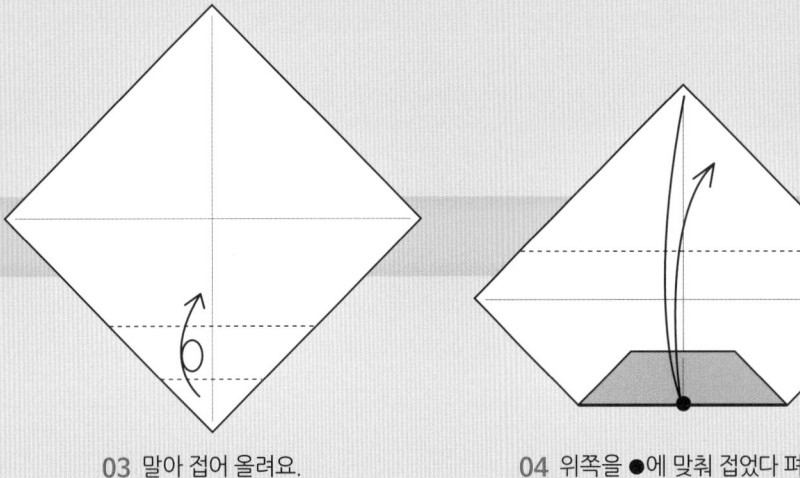

03 말아 접어 올려요.

04 위쪽을 ●에 맞춰 접었다 펴요.

05 선에 맞춰 접어 내려요.

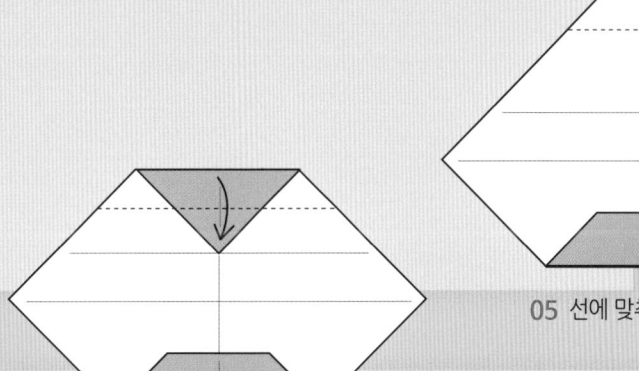

06 선에 맞춰 접어 내려요.

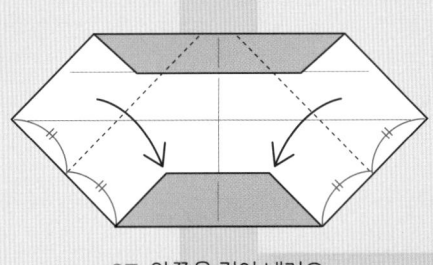

07 양쪽을 접어 내려요.

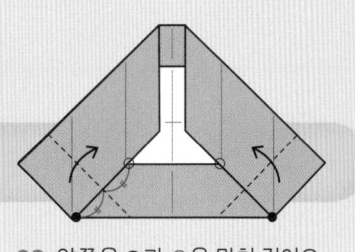

08 양쪽을 ●과 ○을 맞춰 접어요.

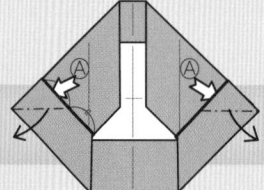

09 Ⓐ 부분에 손을 넣어 펼쳐
   눌러 접어요.

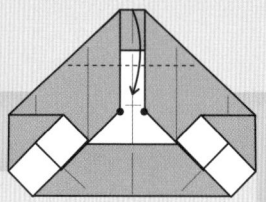

10 ●에 맞춰 접어 내려요.

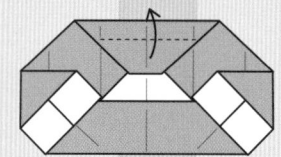

11 선대로 접어 올리고 뒤집어요.

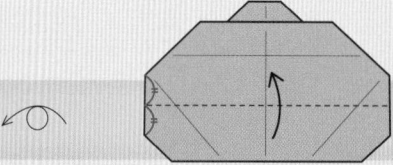

12 접어 올리고 뒤집어요.

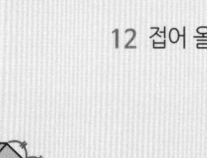

13 Ⓐ는 조금 접고 Ⓑ는 윗장만
   접어 뒤집어요.

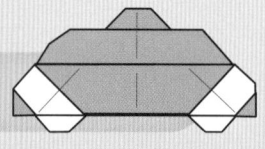

14 양쪽을 뒤로 조금 접어 올려요.

15 택시 완성.

start
승용차

택시의
01~10까지
접은 후
시작해요.

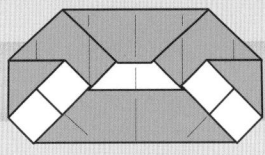

11 뒤집어요.

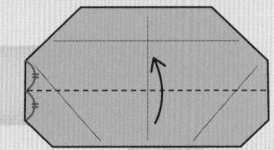 

12 윗장만 접어 올리고 뒤집어요.

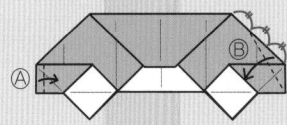

13 Ⓐ는 조금 접고 Ⓑ는 윗장만
접은 후 뒤집어요.

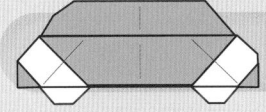

15 승용차 완성.

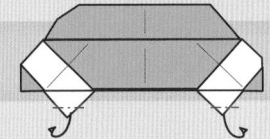

14 양쪽을 뒤로 조금 접어 올려요.

Tip 다양한 크기의 승용차에 창문을
붙이고 택시(TAXI) 글씨 등을 써서
여러 가지 자동차를 만들어 보세요.

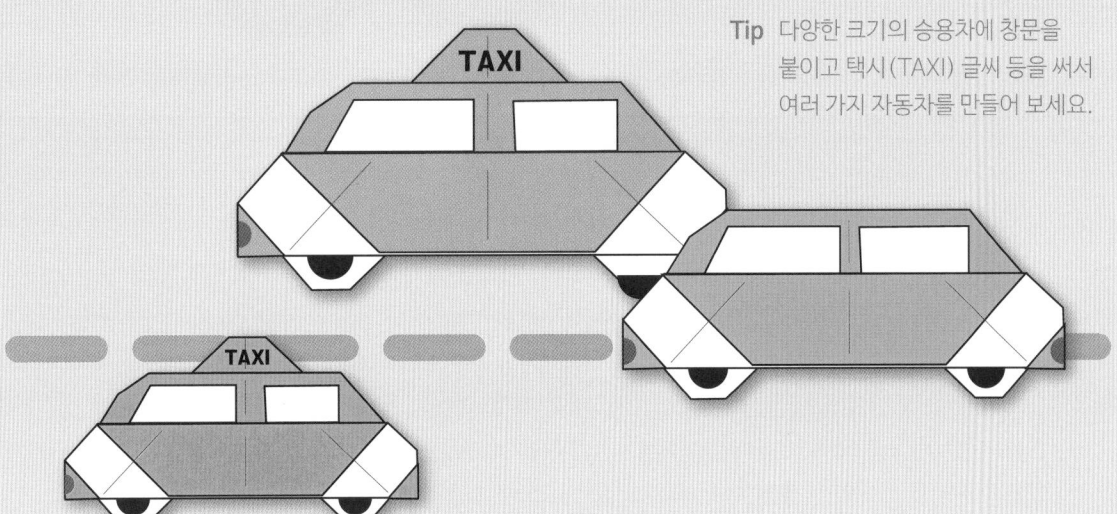

포클레인

송미령 작가

커다란 삽이 달린 차로
아이들에게는 인기만점이에요.
땅을 파거나 깎을 때 사용되는
포클레인을 만들어 봐요.

재료 □ 포클레인 조종실 : 색종이 15×15cm 1장
□ 포클레인 바퀴 : 색종이 7.5 x 7.5cm 2장
□ 포클레인 버킷 : 색종이 7.5×15cm 1장

**start
조종실**

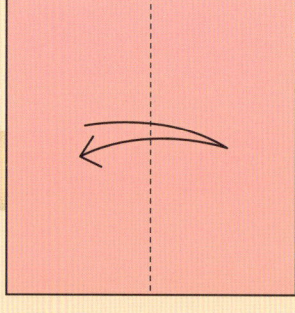

01 색이 보이게 놓고 네모로
접었다 펴요.

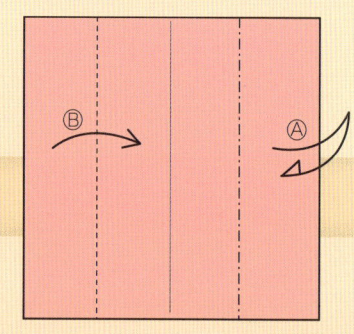

02 중심선에 맞춰 Ⓐ는 뒤로 접었다
펴고 Ⓑ는 앞으로 접어요.

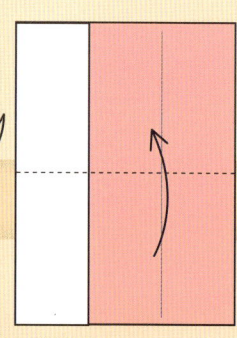

03 반을 접어 올려요.

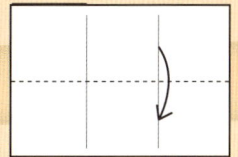

04 윗장만 반을 접어 내려요.

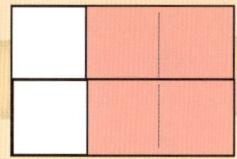

05 뒤집어요.

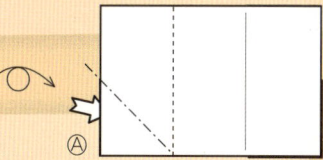

06 Ⓐ 부분에 손을 넣어 오른쪽으로 선대로 펼쳐 눌러 접어요.

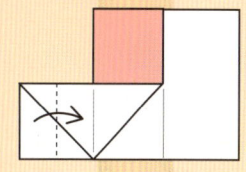

07 선에 맞춰 접어요.

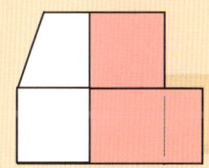

10 조종실 완성.

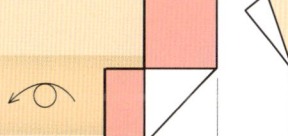

09 뒤집어요.

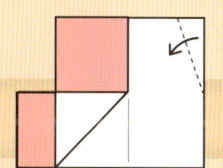

08 모서리를 비스듬히 접어요.

start
바퀴

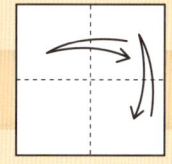

01 네모로 접었다 펴요.

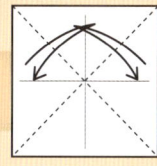

02 세모로 접었다 펴요.

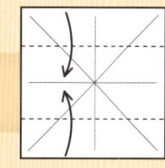

03 중심선에 맞춰 아래위를 접어요.

탈것을 만들어 봐요

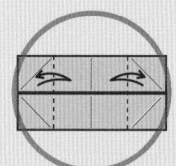
04부터 200% 확대해서
보기로 해요.

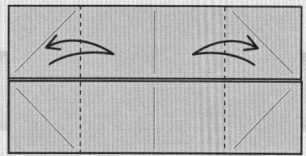

04 양쪽을 중심선에 맞춰
접었다 펴요.

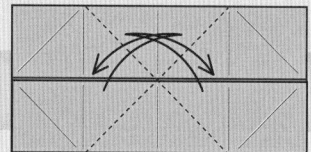

05 사선으로 접었다 펴요.

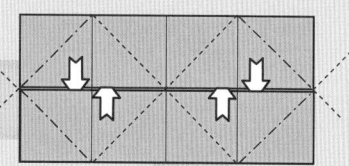

06 기호 부분들에 손을 넣어
펼쳐 눌러 접고 돌려요.

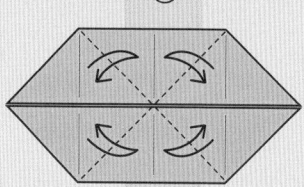

07 중심선에 맞춰 접었다 펴요.

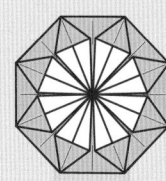

12 바퀴 완성.
1개를 더 만들어요.

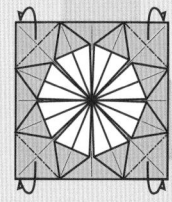

11 모서리를 뒤로 접어요.

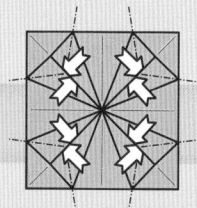

10 기호 부분에 손을 넣어
모두 펼쳐 눌러 접기를
해요.

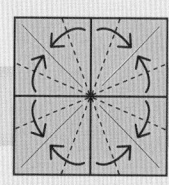

09 모두 중심에 맞춰
양쪽을 접어요.

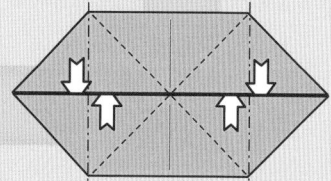

08 기호 부분들에 손을 넣어
펼쳐 눌러 접어요.

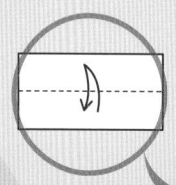
포클레인 조종실과 같은 비례로는
작으니, 200% 확내해서 보도록 해요.

start
버킷

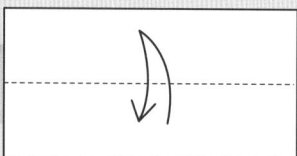

01 2:1 비율의 종이를 접었다 펴요.

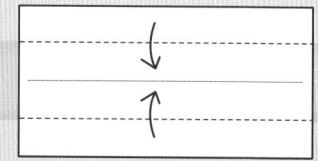

02 중심선에 맞춰 위아래를 접어요.

아이와 아빠가 함께 접는 **신나는 종이접기**

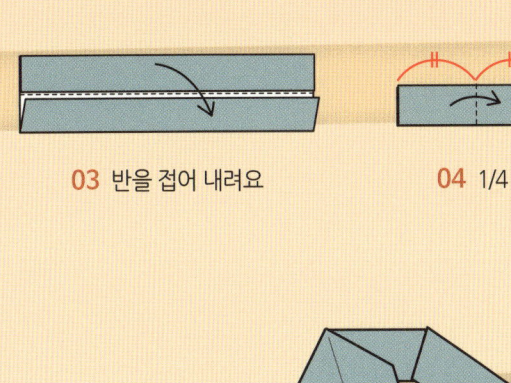

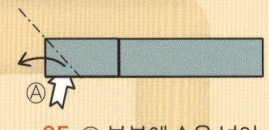

03 반을 접어 내려요

04 1/4 부분을 접어요.

05 Ⓐ 부분에 손을 넣어 펼쳐 눌러 접어요.

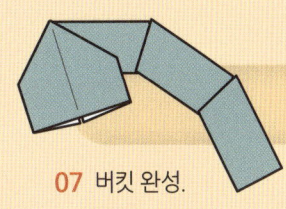

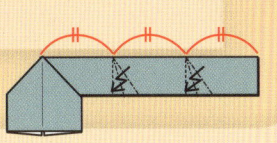

07 버킷 완성.

06 3등분선을 표시한 후 계단 모양으로 접어요.

start 조립

조종실, 버킷(삽), 바퀴 2개를 준비해서 조종실에 맞춰 바퀴와 버킷을 붙여요.

TIP 버킷을 여러 가지 크기로 만들어 붙이면 더 다양한 포클레인이 돼요 (2:1 비율 종이).

오토바이

조은주 작가

두 바퀴로 달리는 멋진 오토바이는
자전거보다 빠르게 움직이죠.
바람을 가르며 시원하게 달리는
오토바이를 만들어 볼까요?

재료 □ 오토바이 본체 앞, 뒷부분 : 색종이 15×15cm 2장
□ 오토바이 바퀴 : 색종이 13×13cm 2장

Start 바퀴

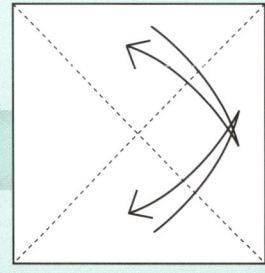

01 세모로 접었다 펴요.

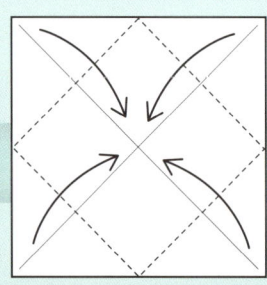

02 중심에 맞춰 모두 접어요.

03 모두 뒤로 접어요.

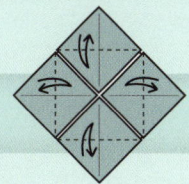

04 중심에 맞춰 모두 접었다 펴요.

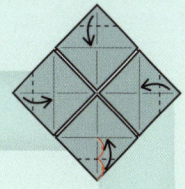

05 편 선에 맞춰서 모서리를
모두 접어요.

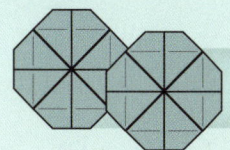

08 똑같이 바퀴 1개를
더 접어요.

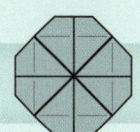

07 바퀴 1개 완성.

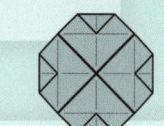

06 뒤집어요.

Start
본체
앞부분

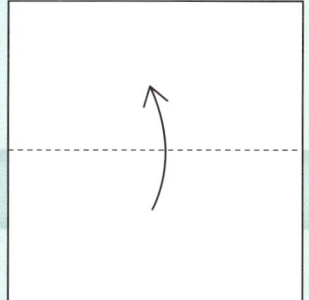

01 네모로 접어 올려요.

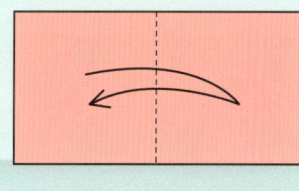

02 반으로 접었다 펴요.

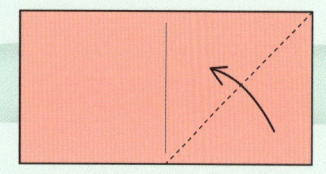

03 중심선에 맞춰 접고 뒤집어요.

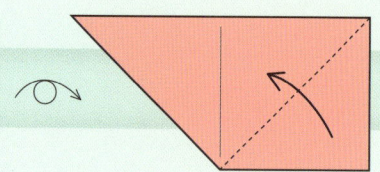

04 중심선에 맞춰 접어요.

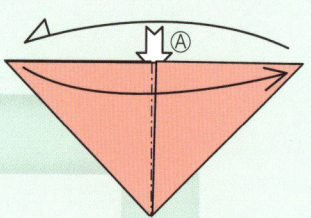

05 Ⓐ 부분에 손을 넣어
펼쳐 눌러 접고 돌려요.

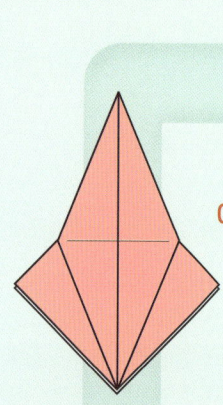

08 Ⓐ 부분에 손을 넣어 위로
펼치며 눌러 접어요.

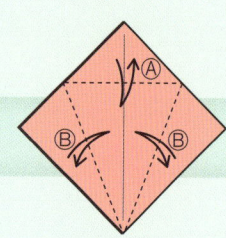

07 Ⓐ를 접었다 펴고, Ⓑ는
앞 장만 접었다 펴요.

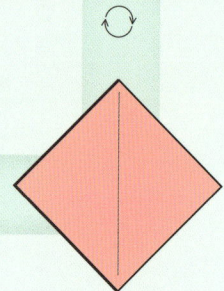

06 아래가 벌어지는
쪽으로 돌려요.

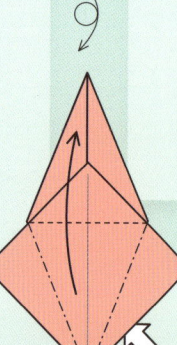

09 뒤집어요.

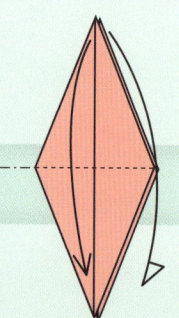

10 07~09와 같은 방법으로
접어 올려요.

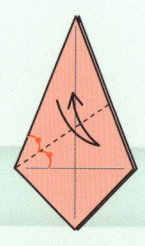

11 앞뒤를 내리고 돌려요.

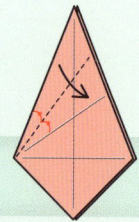

12 접었다 펴요.

13 선에 맞춰 접어요.

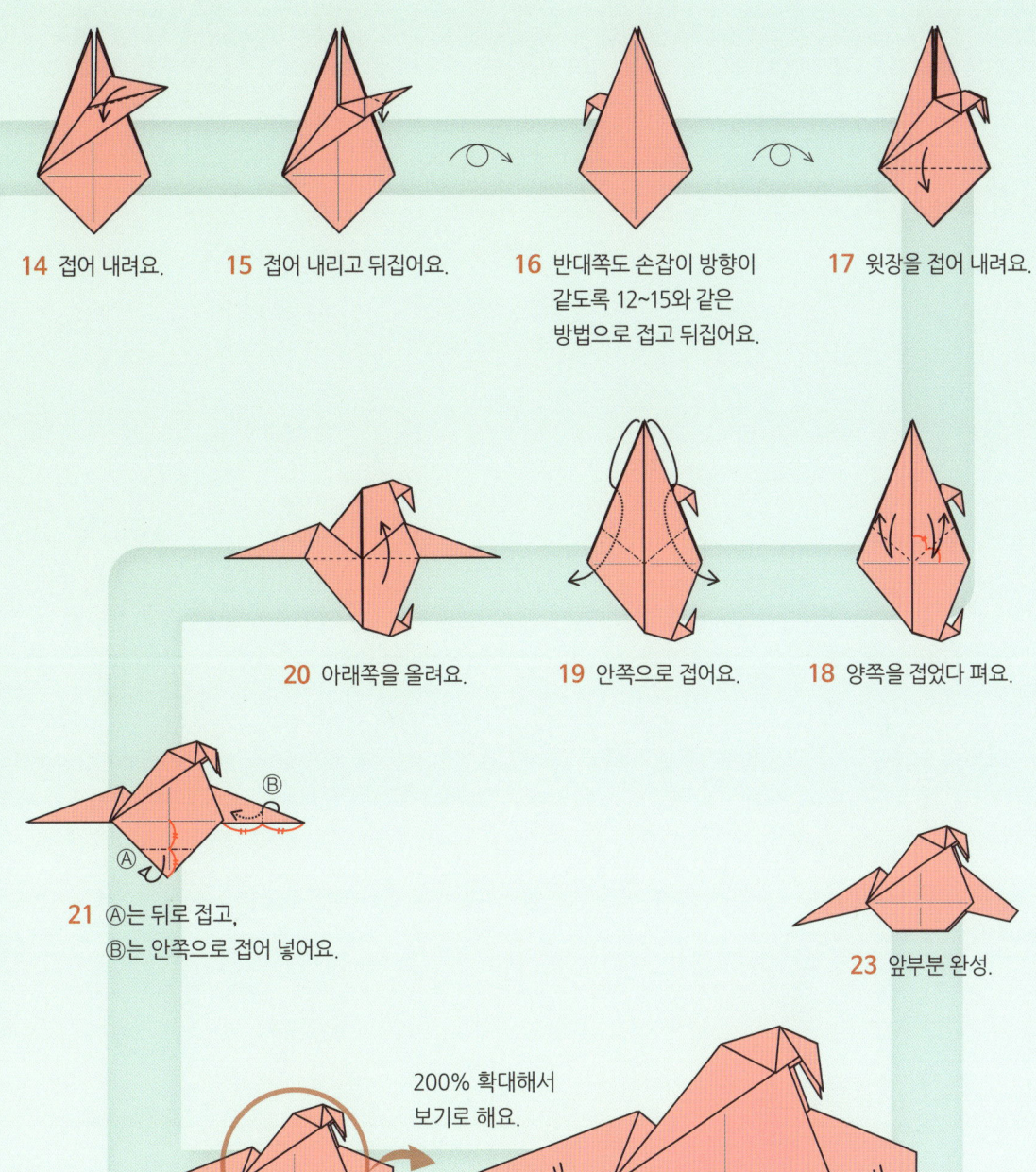

14 접어 내려요.

15 접어 내리고 뒤집어요.

16 반대쪽도 손잡이 방향이
같도록 12~15와 같은
방법으로 접고 뒤집어요.

17 윗장을 접어 내려요.

20 아래쪽을 올려요.

19 안쪽으로 접어요.

18 양쪽을 접었다 펴요.

21 ⓐ는 뒤로 접고,
ⓑ는 안쪽으로 접어 넣어요.

23 앞부분 완성.

200% 확대해서
보기로 해요.

22 양쪽을 1/3만큼 아래로 당겨 내려요.

start
본체
뒷부분

오토바이 앞부분
1~9까지 접은 후
시작해요.

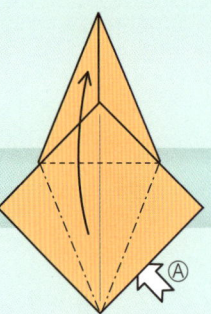

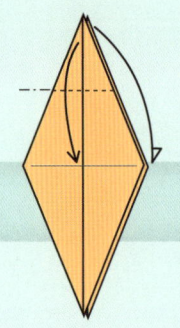

10 Ⓐ 부분에 손을 넣어
위로 펼쳐 눌러 접어요.

11 앞뒤로 각각 접어 내려요.

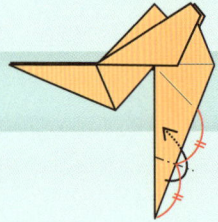

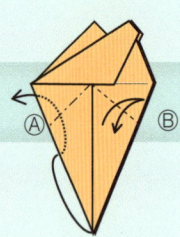

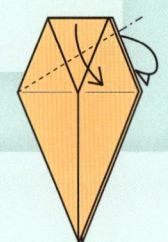

14 안쪽으로 접어 넣어요.

13 Ⓐ는 안쪽으로 접고
Ⓑ는 접었다 펴요.

12 앞뒤로 각각 접어 내려요.

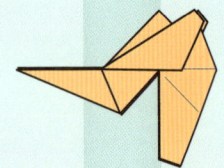

15 13에서 접었다
편 선을 확인해요.

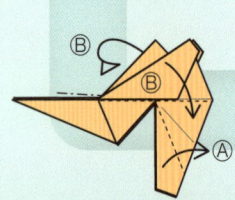

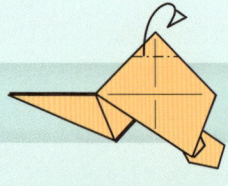

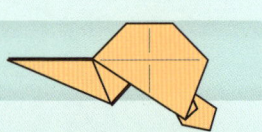

16 Ⓐ는 접어 올리고 Ⓑ는 앞뒤로
각각 접어 내려요.

17 윗부분을 조금 뒤로 접어요.

18 뒷부분 완성.

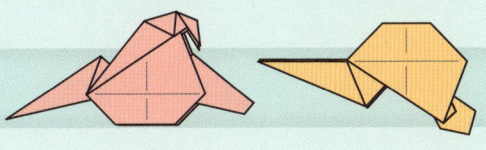

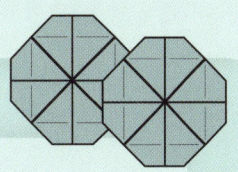

start
조립

01 오토바이 본체 앞부분, 뒷부분과
바퀴 2개를 준비해요.

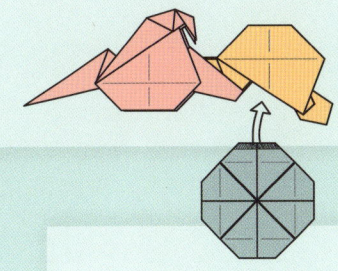

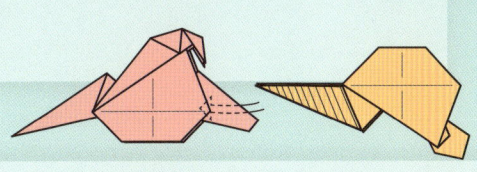

03 뒷부분에 바퀴를 끼워 붙여요.

02 앞부분에 뒷부분을 끼워 붙여요.

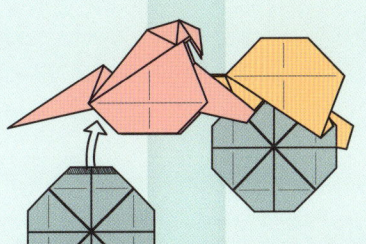

04 앞바퀴를 붙여요.

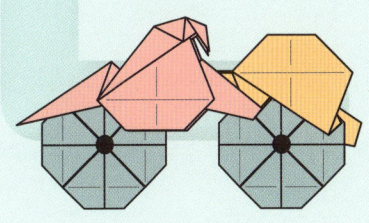

05 오토바이 완성.

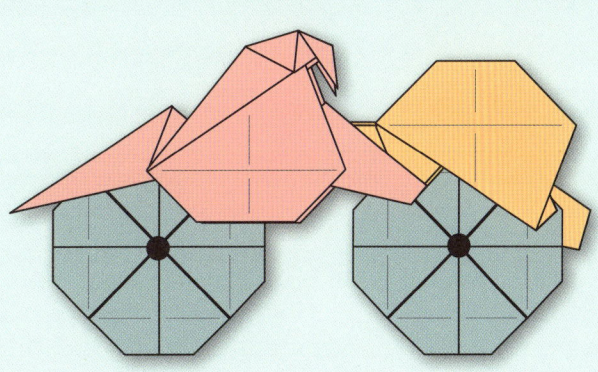

Tip 바퀴에 동그라미를 붙여 주기도 하고
다양하게 장식을 해서 오토바이에
멋을 내요.

101

탈것을 만들어 봐요

강이나 바다에서는 어떤 것을 타고 다닐까요?

넘실넘실 푸른 물살을 가르는 알록달록 요트와
온 가족이 함께 타고 여행할 수 있는 여객선,
바닷속의 물고기와 신기한 산호초를 볼 수 있는 잠수함도 있어요.

물감이나 크레파스로 파랗게 색을 칠하면서 아이와 함께 강이나 바다를 만들어 봐요.
함께 만들어 놓은 요트와 여객선, 잠수함을 알록달록 예쁘게 꾸미고 여행하는 친구들의
즐거운 얼굴을 붙이면서 아빠와 종이접기 여행을 해요.

요트

조은주 작가

바람을 이용해 움직이는 요트는
멋진 모습으로 바다 위를 떠다녀요.
아빠와 아이가 함께
둘만의 멋진 요트를 장식해 보아요.

재료 □ 양면 색종이 15×15cm 1장

start

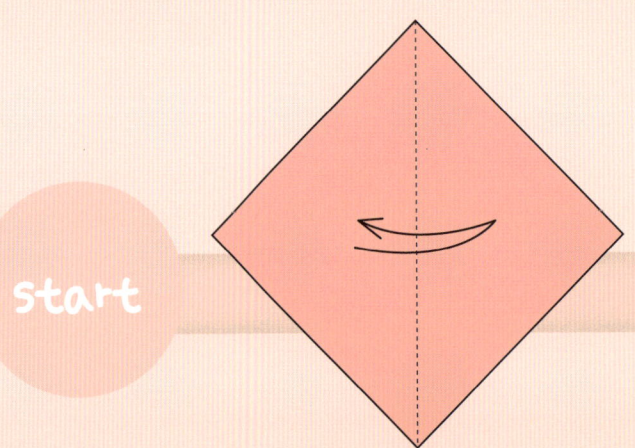

01 세모로 접었다 펴요.

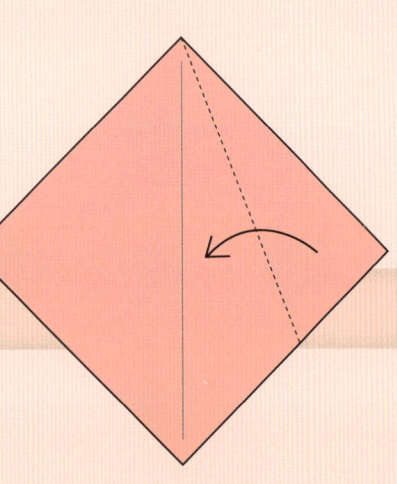

02 중심선에 맞춰 접어요.

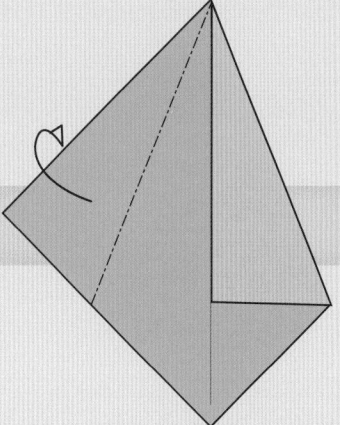

03 중심선에 맞춰 뒤로 접어요.

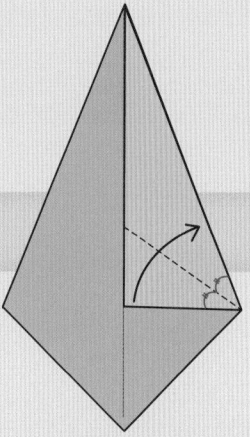

04 접어 올려요.

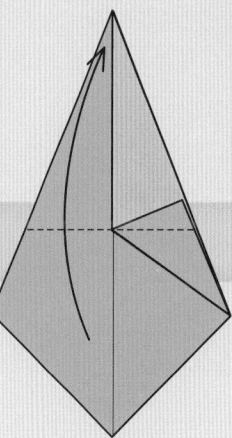

05 반을 접어 올려요.

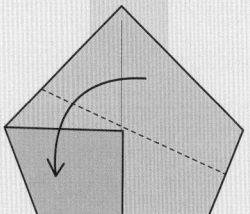

06 접어 내려요.

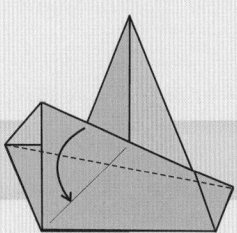

07 선대로 접어 내려요.

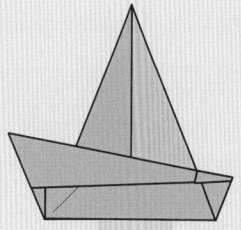

08 요트 완성.

여객선

조은주 작가

많은 사람들을 싣고 바다 여행을 떠나는 배랍니다.
푸른 하늘과 바다를 느끼며 즐길 수 있어요.
다양한 크기와 모양으로
멋지고 커다란 배를 접어 보아요.

재료 □ 색종이 15×10cm 1장

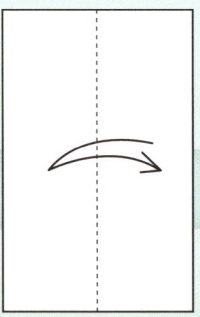

01 직사각형의 종이를
네모로 접었다 펴요.

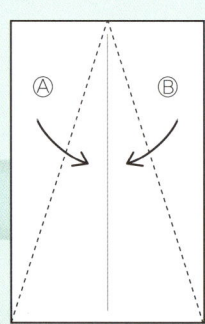

02 윗선 중심에 맞춰 Ⓐ Ⓑ 순서대로
접어요.

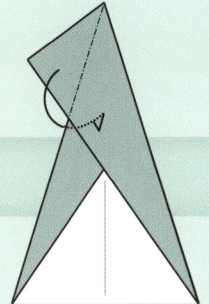

03 윗장을 뒤로 접어
사이에 끼워 넣어요.

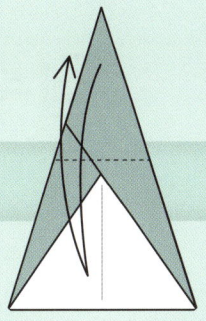

04 중심에 맞춰 반을 접었다 펴요.

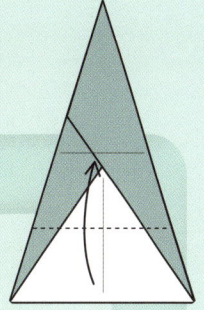

05 선에 맞춰 접어 올린
후 뒤집어요.

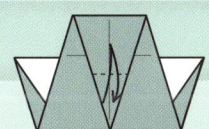

07 윗장을 반 접었다 펴요.

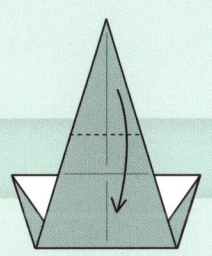

06 중심에 맞춰 반을
접어 내려요.

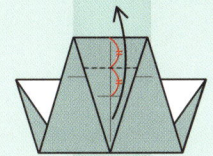

08 윗장을 접어 올려요.

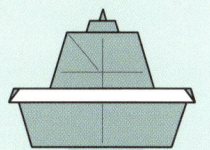

12 여객선 완성.

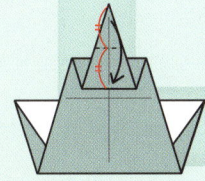

09 윗장을 반 접어 내려요.

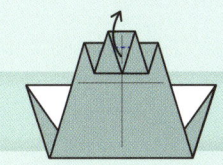

10 윗장을 조금 접어 올리고
뒤집어요.

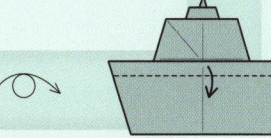

11 조금 접어 내려요.

잠수함

송미령 작가

사람들은 물속에서
무엇을 타고 다닐 수 있을까요?
친구와 가족이 함께 탈 수 있는
멋진 잠수함을 만들어 봐요.

재료 □ 기본, 변형 잠수함 잠수정 : 색종이 15×15cm 1장씩
□ 기본, 변형 잠수함 프로펠러 : 색종이 7.5×7.5cm 1장씩
□ 기본, 변형 잠수함 잠망경 : 색종이 7.5×4cm 1장씩
□ 변형 잠수함 창문 : 색종이 11×11cm 1장

**start
잠수정**

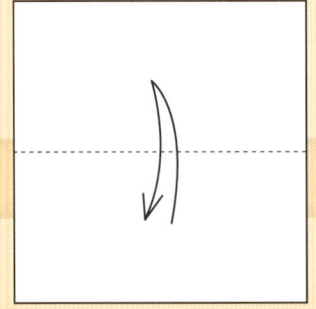

01 네모로 접었다 펴요.

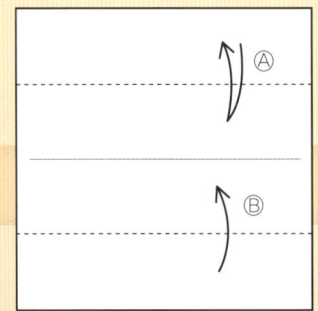

02 Ⓐ는 중심선에 맞춰 접었다 펴고
Ⓑ는 중심선에 맞춰 접어 올려요.

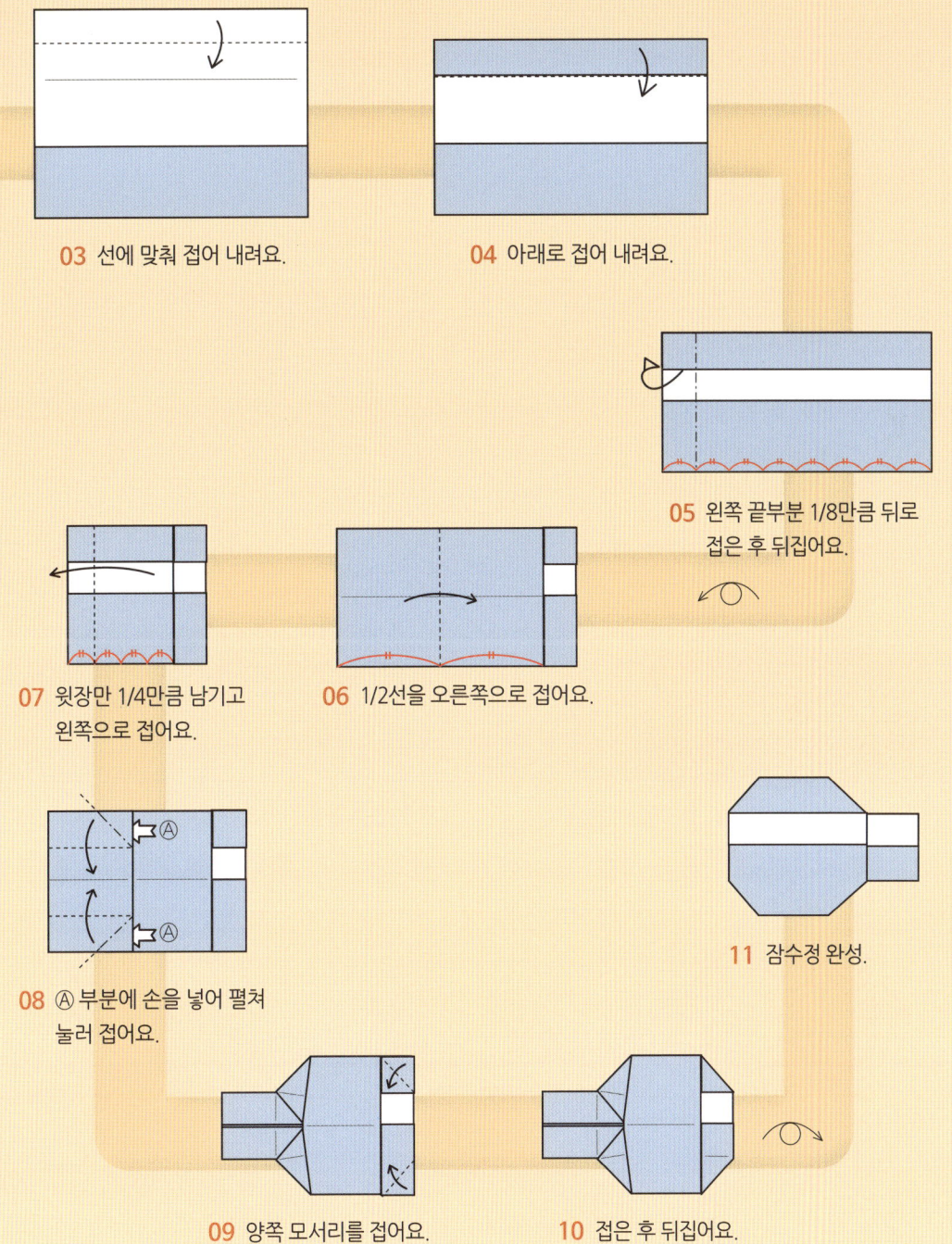

03 선에 맞춰 접어 내려요.

04 아래로 접어 내려요.

05 왼쪽 끝부분 1/8만큼 뒤로
접은 후 뒤집어요.

07 윗장만 1/4만큼 남기고
왼쪽으로 접어요.

06 1/2선을 오른쪽으로 접어요.

08 Ⓐ 부분에 손을 넣어 펼쳐
눌러 접어요.

11 잠수정 완성.

09 양쪽 모서리를 접어요.

10 접은 후 뒤집어요.

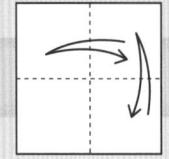

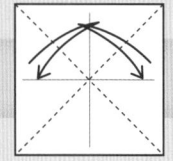

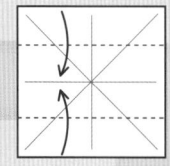

Start 프로펠러

01 네모로 접었다 펴요.

02 세모로 접었다 펴요.

03 중심선에 맞춰
위아래를 접어요.

04부터 200% 확대해서
보기로 해요.

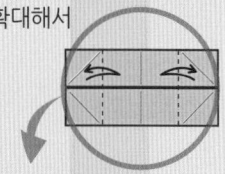

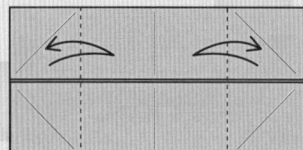

05 사선으로 접었다 펴요.

04 양쪽을 중심선에 맞춰
접었다 펴요.

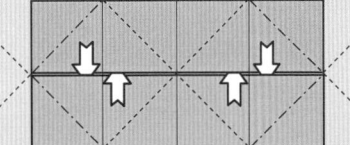

06 기호 부분들에 손을 넣어
펼쳐 눌러 접고 돌려요.

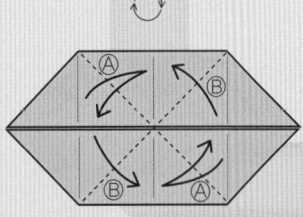

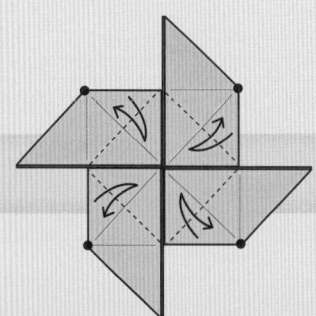

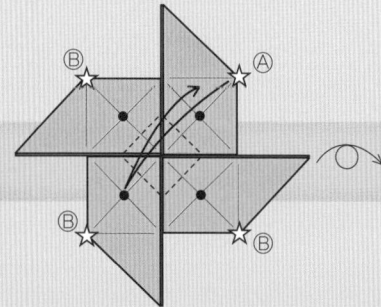

07 Ⓐ는 중심선에 맞춰 접었다 펴고
Ⓑ는 중심선에 맞춰 접어요.

08 ●이 중심에 만나도록
모두 접었다 펴요.

09 ●과 ☆이 만나게 접었다 펴면서 가운
데만 눌러요(Ⓐ). Ⓐ와 같이 나머지 Ⓑ
세 곳도 똑같이 접었다 펴고 뒤집어요.

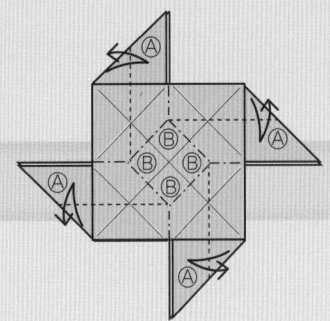

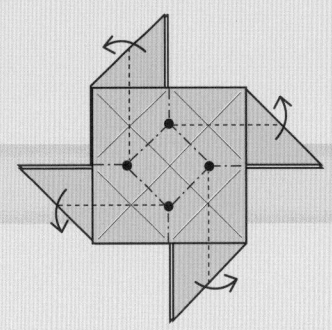

10 Ⓐ는 접었다 펴고 Ⓑ(안쪽의 선들)는 뒤로 접었다 펴면서 입체적으로 모양을 잡아요.

11 ●을 기준으로 10의 Ⓐ에서 접은 선들을 접으면서 비틀듯 모아 접어요.

12 잠수함 팬(프로펠러) 완성.

start 잠망경

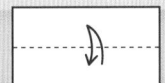

01 반 접었다 펴요.

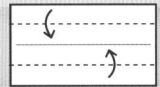

02 중심선에 맞춰 접어요.

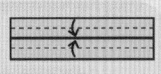

03 중심선에 맞춰 접어요.

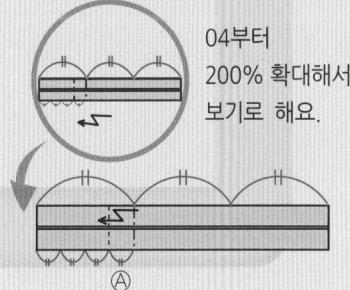

04부터 200% 확대해서 보기로 해요.

04 왼쪽 1/3을 산선으로 접고 1/4 부분의 Ⓐ를 계단 모양으로 접어요.

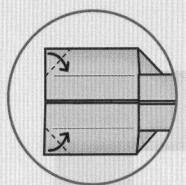

06 모서리 끝을 접어요.

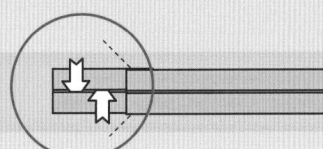

05 겹쳐진 부분의 안쪽을 펼쳐 06처럼 눌러 접어요.

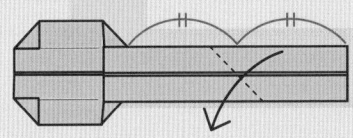

07 ㄱ 모양으로 꺾어 접어요.

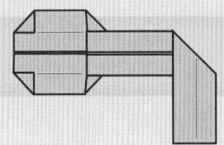

08 뒤집어요.

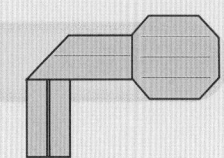

09 잠망경 완성.

start
조립

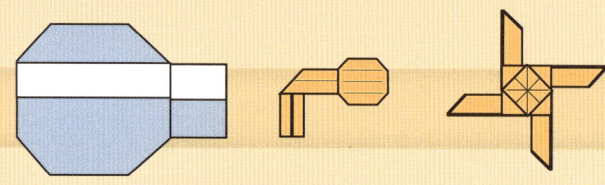

01 만들어 놓은 잠수정, 팬, 잠망경을
준비해서 붙여요.

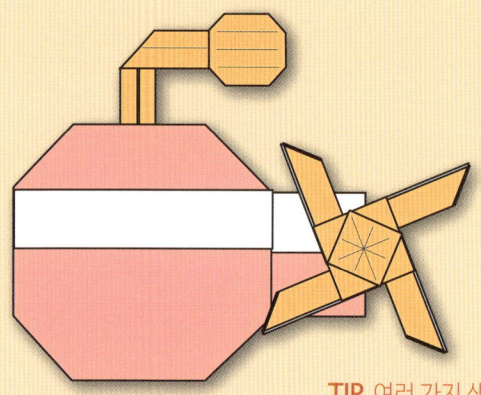

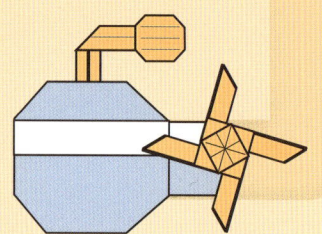

02 기본형 잠수함 완성.

TIP 여러 가지 색과 크기의 종이로
다양한 잠수함을 만들 수 있어요.

start
변형

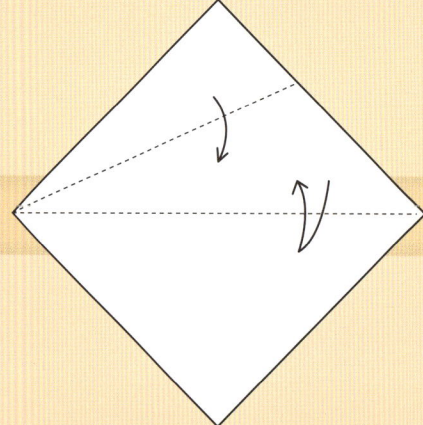

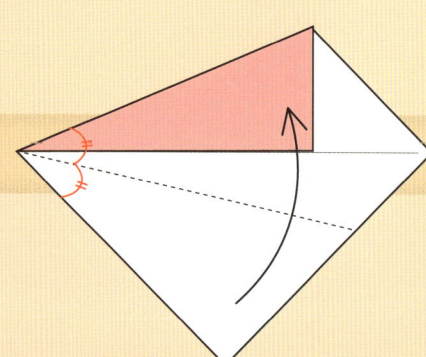

01 세모로 접었다 편 후 중심선에 맞춰
접어요.

02 접어 올려요.

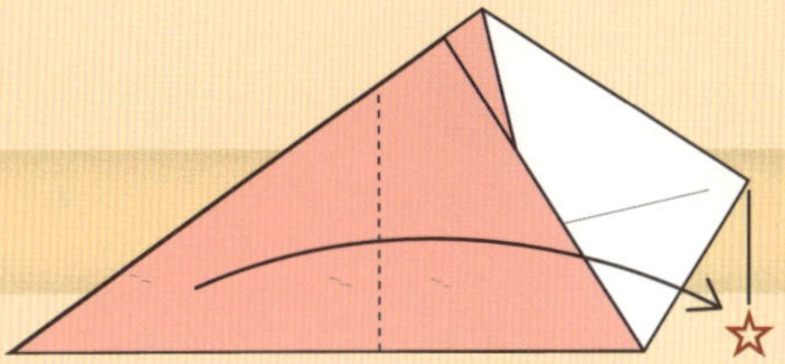

03 ☆까지 접어요.

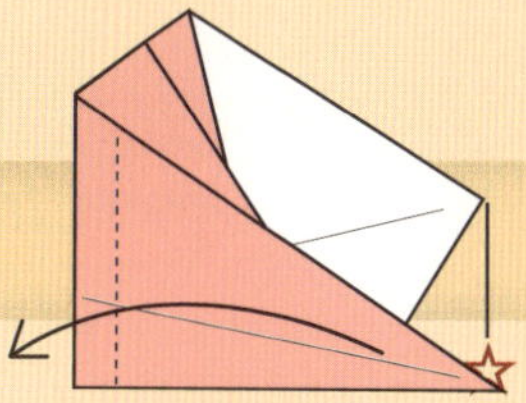

04 윗장을 1/8 남기고
접어요.

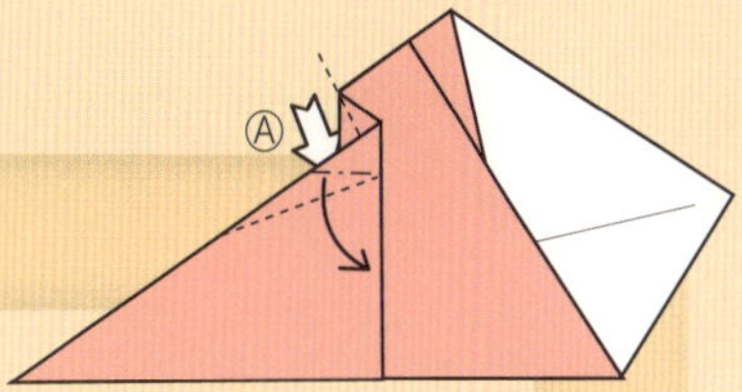

05 Ⓐ 부분에 손을 넣어
펼치며 눌러 접어요.

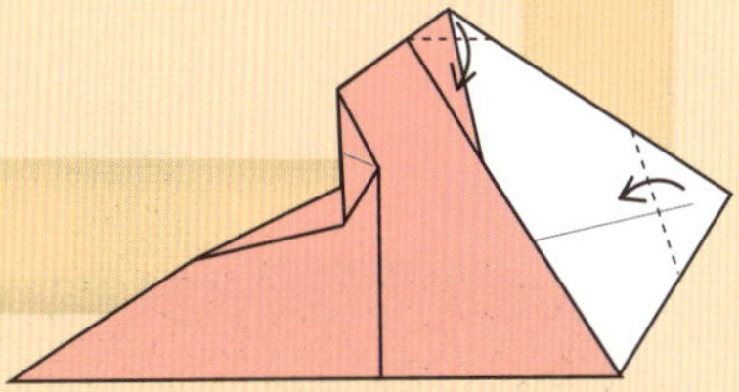

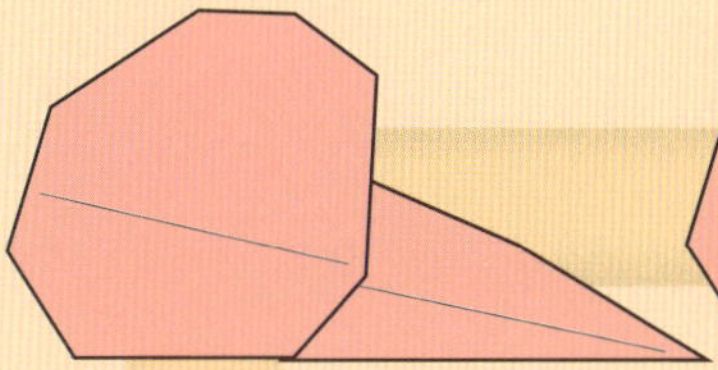

08 잠수정 변형 완성.

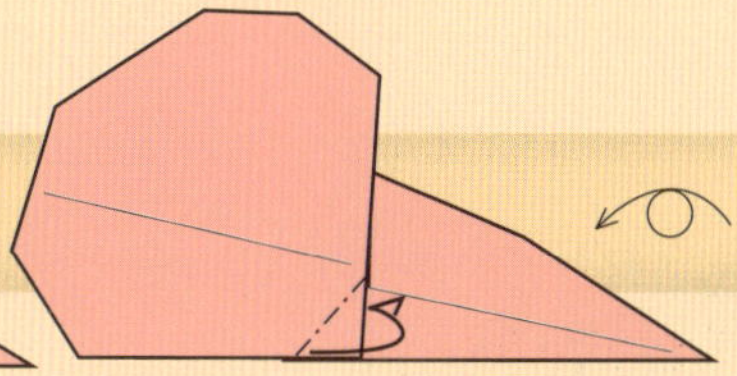

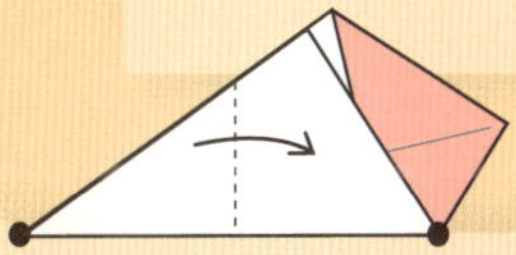

07 조금만 뒤로 접어 넣어요.

06 모서리를 조금씩 접고 뒤집어요.

09 장식 창문을 만들기 위해 종이를 준비해요.
색을 안으로 오게 해서 위의 변형 02까지
접고 ●끼리 만나도록 접어요.

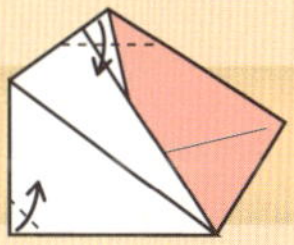

10 모서리를 조금씩
접어요.

11 모서리를 접고
뒤집어요.

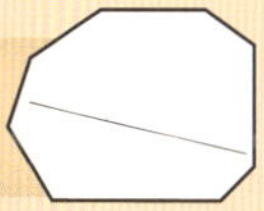

12 창문 완성.

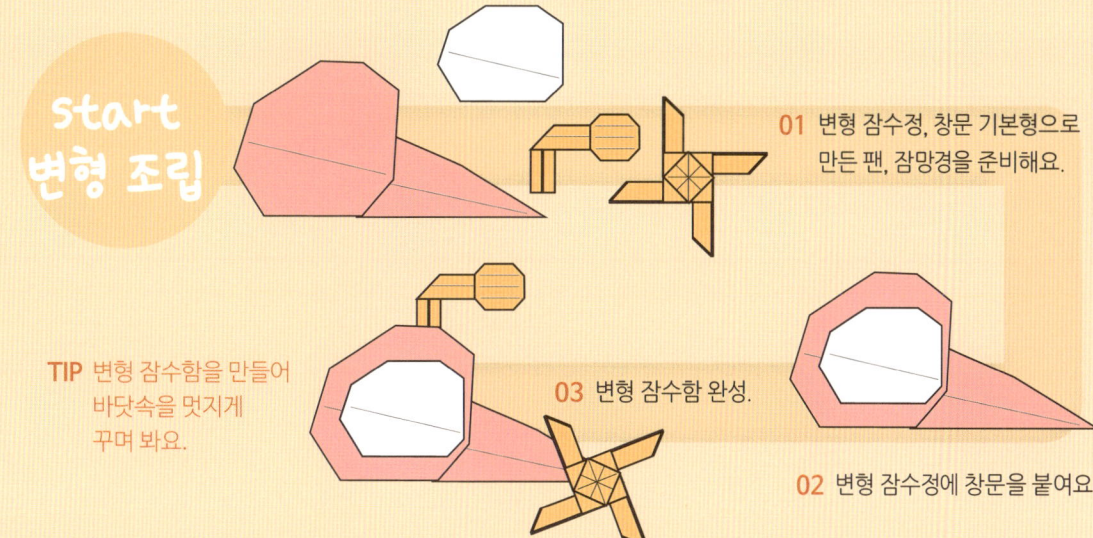

**Start
변형 조립**

01 변형 잠수정, 창문 기본형으로
만든 팬, 잠망경을 준비해요.

TIP 변형 잠수함을 만들어
바닷속을 멋지게
꾸며 봐요.

03 변형 잠수함 완성.

02 변형 잠수정에 창문을 붙여요.

군잠수함

송미령 작가

깊은 바닷속을 다니며 이동하는
전투용 잠수정은 아주 커요.
많은 군인과 무기를 싣고
오랜 시간 동안 바닷속에 머물러 있죠.

재료 □ 잠수함 본체 : 색종이 15×15cm 1장
□ 잠수함 사령탑 : 색종이 6×6cm 1장
□ 잠수함 프로펠러 : 색종이 6×6cm 1장

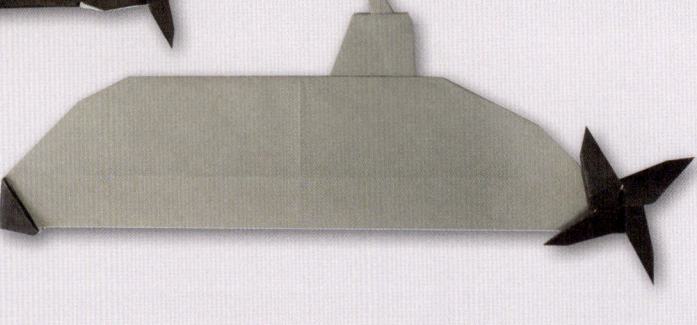

**start
본체**

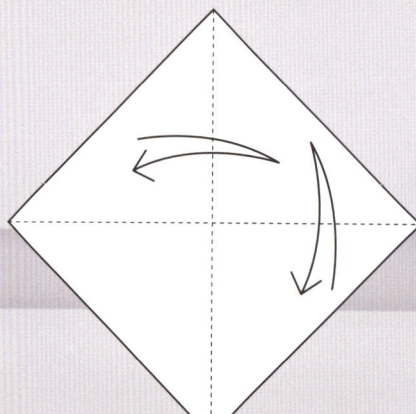

01 세모로 접었다 펴요.

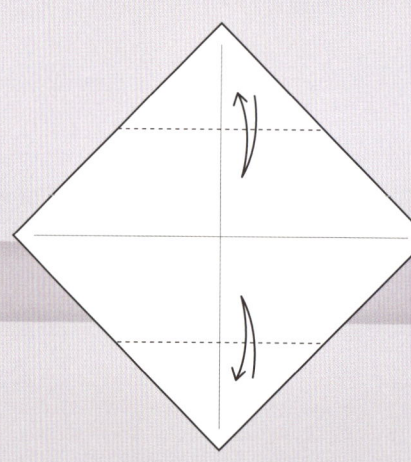

02 중심점에 맞춰 접었다 펴요.

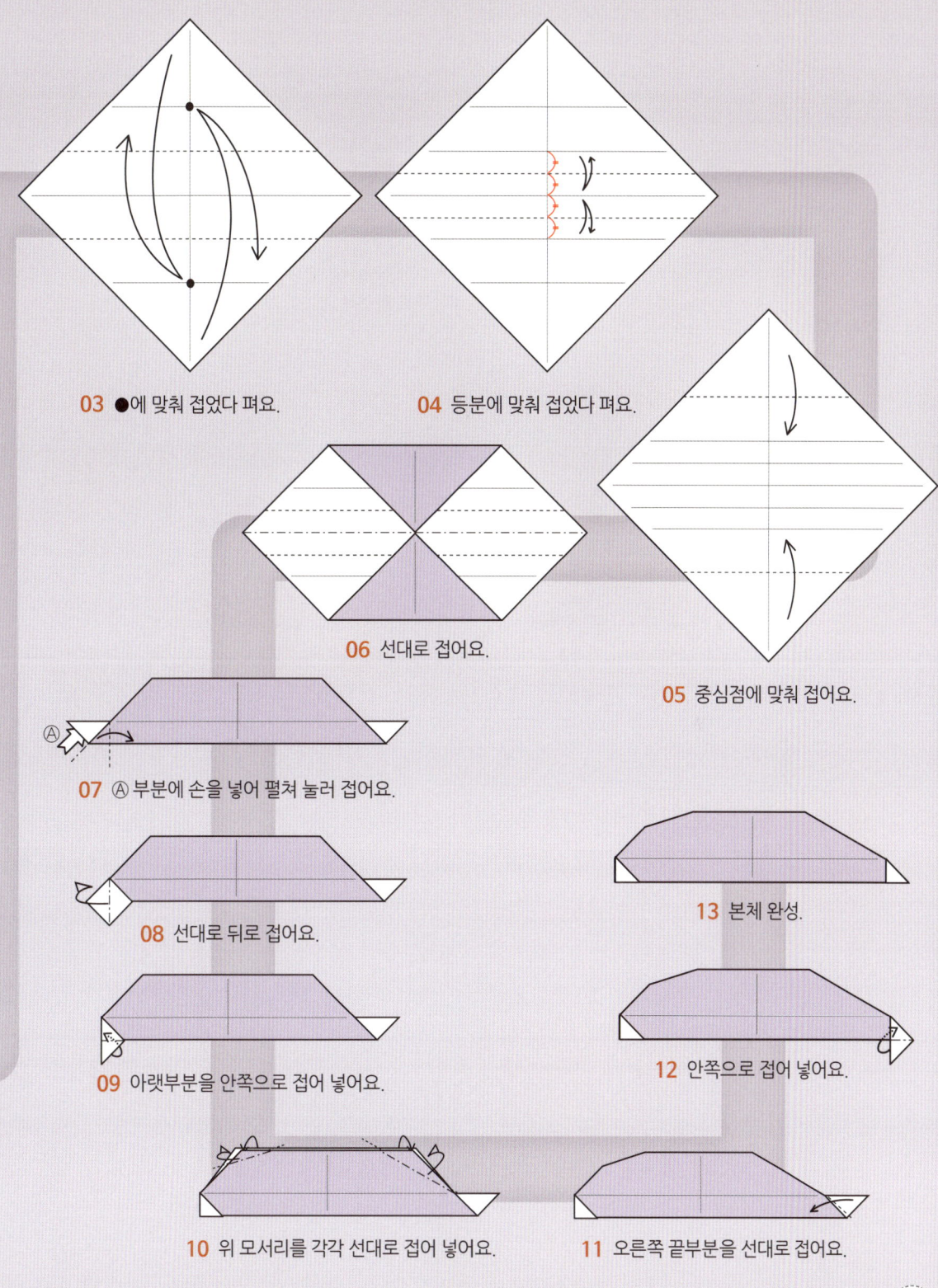

03 ●에 맞춰 접었다 펴요.

04 등분에 맞춰 접었다 펴요.

06 선대로 접어요.

05 중심점에 맞춰 접어요.

07 Ⓐ 부분에 손을 넣어 펼쳐 눌러 접어요.

08 선대로 뒤로 접어요.

13 본체 완성.

09 아랫부분을 안쪽으로 접어 넣어요.

12 안쪽으로 접어 넣어요.

10 위 모서리를 각각 선대로 접어 넣어요.

11 오른쪽 끝부분을 선대로 접어요.

start 프로펠러

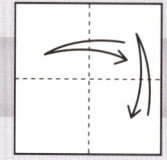

01 네모로 접었다 펴요.

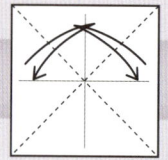

02 세모로 접었다 펴요.

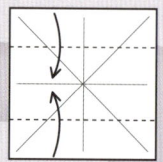

03 중심선에 맞춰 위아래를 접어요.

04부터 200% 확대해서 보기로 해요.

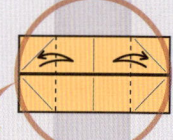

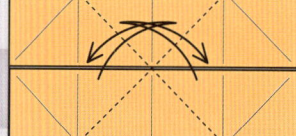

05 사선으로 접었다 펴요.

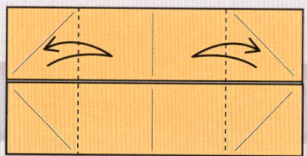

04 양쪽을 중심선에 맞춰 접었다 펴요.

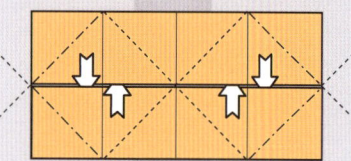

06 기호 부분들에 손을 넣어 펼쳐 눌러 접고 돌려요.

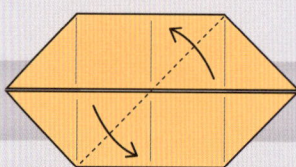

07 중심선에 맞춰 선대로 접어요.

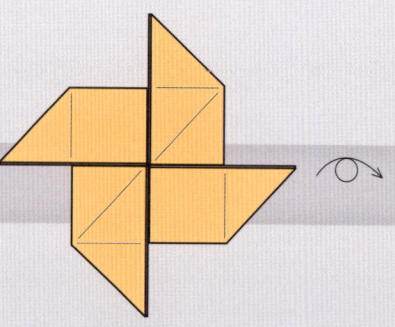

08 뒤집어요.

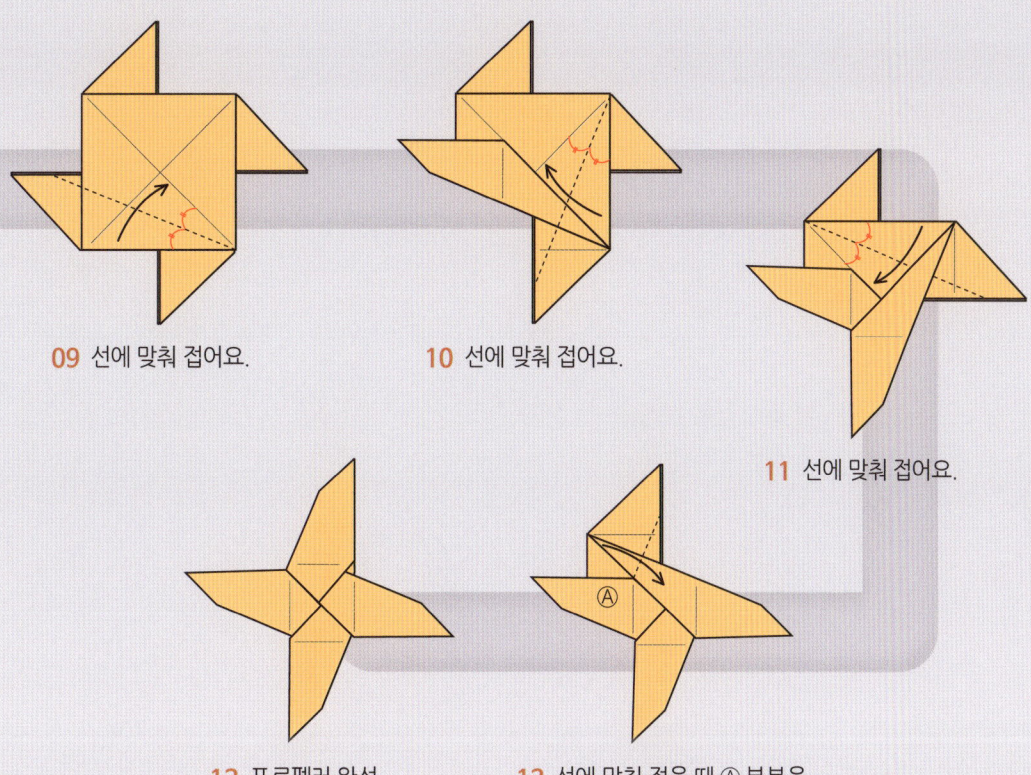

09 선에 맞춰 접어요.

10 선에 맞춰 접어요.

11 선에 맞춰 접어요.

13 프로펠러 완성.

12 선에 맞춰 접을 때 Ⓐ 부분을 살짝 들고 접어요.

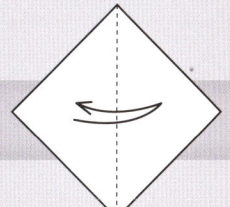

01 세모로 접었다 펴요.

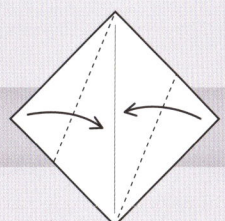

02 중심선에 맞춰 양쪽을 접어요.

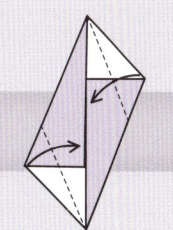

03 접은 상태에서 다시 한번 중심선에 맞춰 양쪽을 접어요.

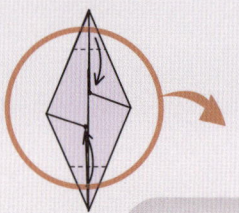

04부터 200% 확대해서
보기로 해요.

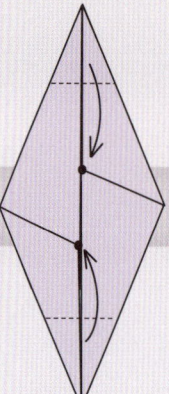

04 ●에 맞춰 아래위를
접어요.

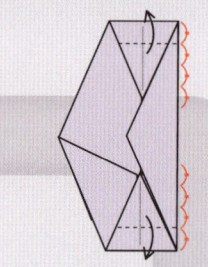

05 오른쪽 부분을 접어요.

06 1/4만큼 위아래를 각각
접어요.

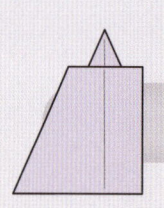

08 사령탑 부분 완성.

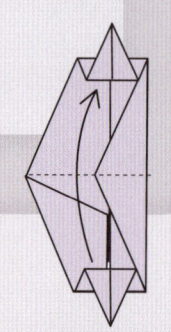

07 반을 접어 올려요.

**start
조립**

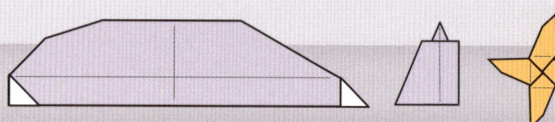

01 잠수함 본체, 사령탑, 프로펠러를 준비해요.

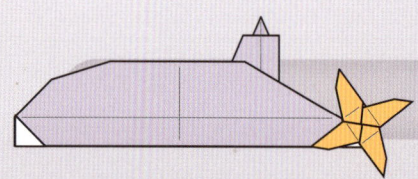

03 프로펠러까지 붙이면 완성.

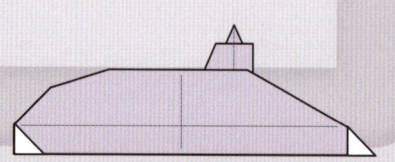

02 잠수함 본체에 사령탑을 붙여요.

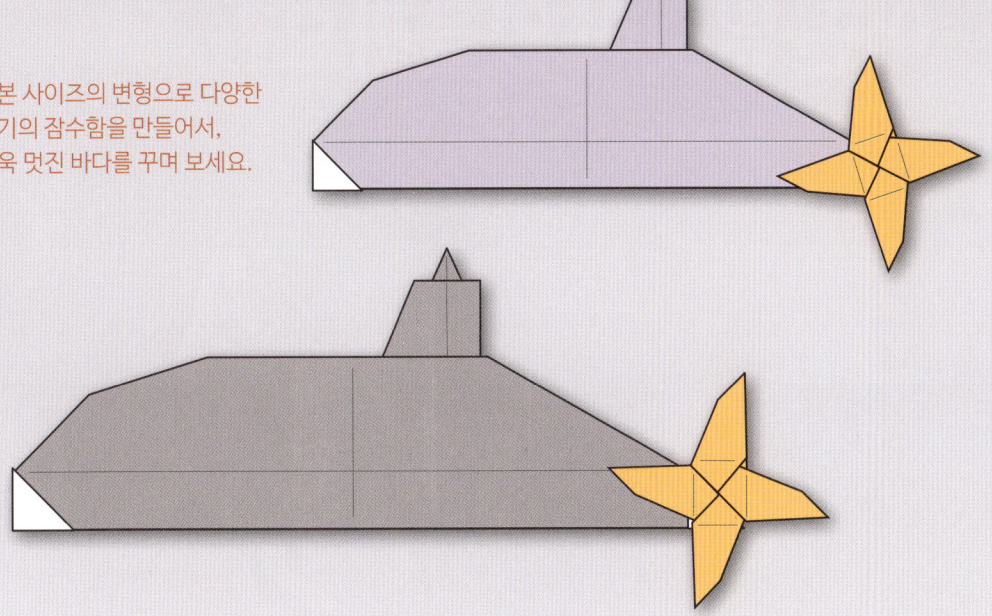

TIP 기본 사이즈의 변형으로 다양한
크기의 잠수함을 만들어서,
더욱 멋진 바다를 꾸며 보세요.

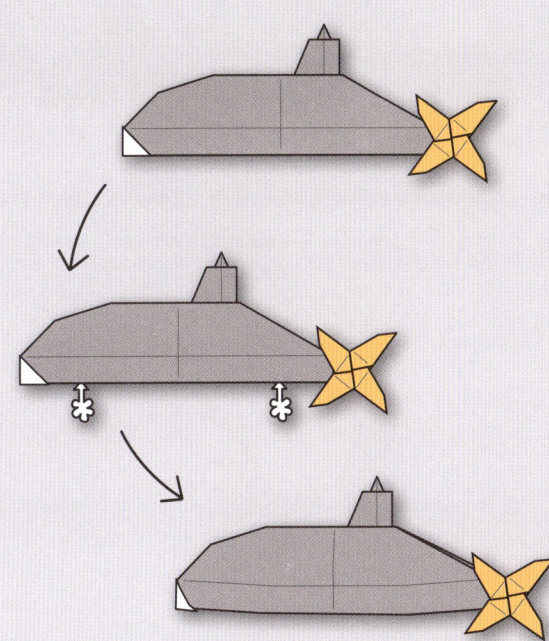

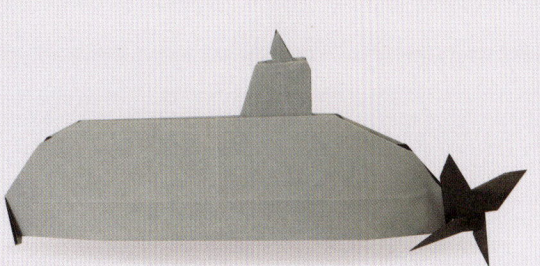

TIP 완성된 잠수함의 아랫부분을 살짝 벌려 주면
입체감 있는 잠수함으로 세울 수도 있어요.

하늘과 더 넓은 우주에는
어떤 탈것이 있을까요?

두근두근 설렘으로 가득한 여객기,
빠르게 나는 제트기,
신비한 우주를 탐사하는 우주선과
우리가 모르지만 있을 것도 같은 UFO도 만나 보아요.

종이를 잘라 붙여 멋진 하늘과 우주를 만들어요. 그 위에 비행기, 우주선 등을 만들어 꾸며 봐
요. 반짝반짝 별들이 깔려 있는 까만 하늘에 즐거움 가득한 풍경을 만들어 보고 우주선과
UFO를 접으며 먼 우주를 상상해 보아요.

여객기

조은주 작가

많은 사람들을 한 번에 태울 수 있는
비행기가 푸른 하늘 위를 날아다녀요.
멋진 여객기를 만들어 볼까요?

재료 ☐ 색종이 15×15cm 2장

start
본체

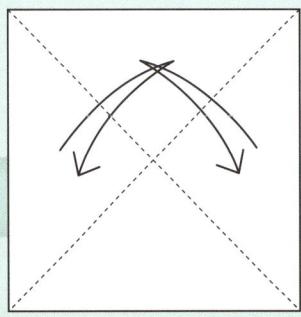

01 세모로 접었다 펴요.

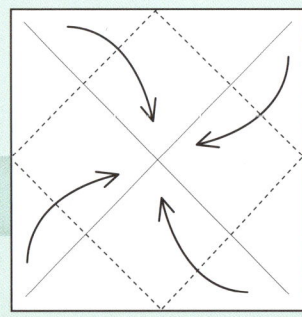

02 모서리를 모두 중심에 맞춰
접어요.

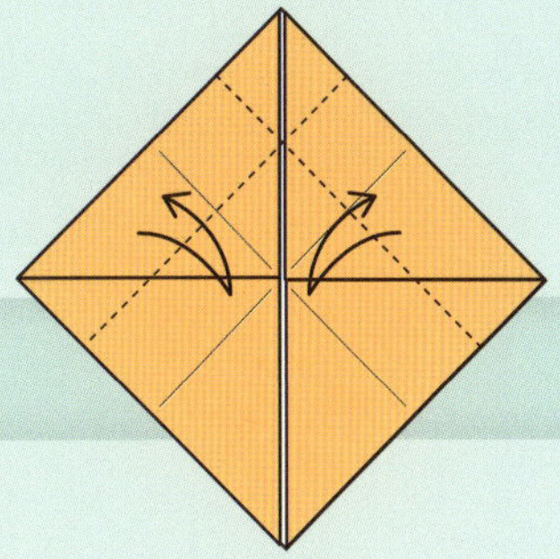

03 선에 맞춰 접었다 펴고 뒤집어요.

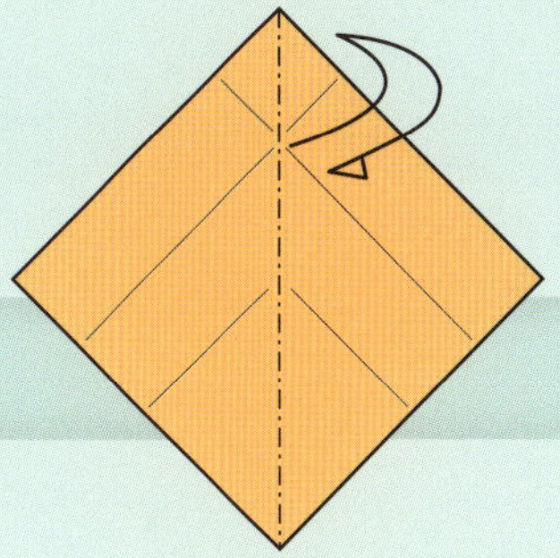

04 뒤로 접었다 펴요.

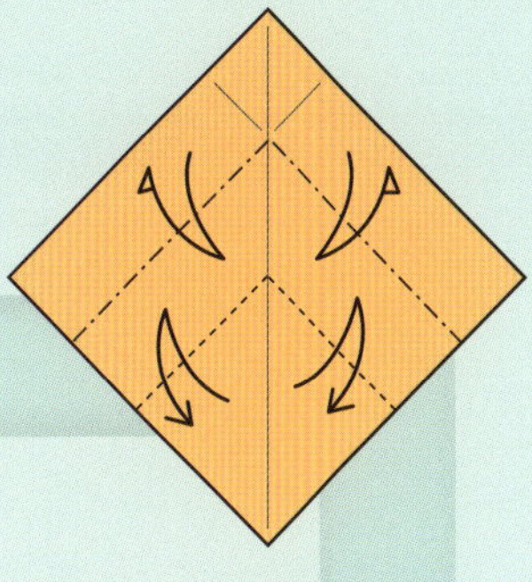

05 선대로 접었다 펴요.

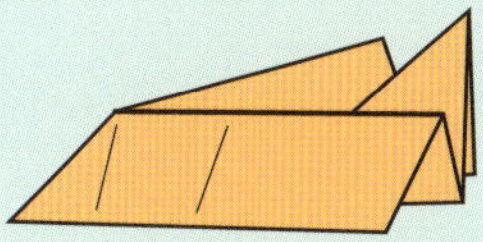

접히는 모양 입체.

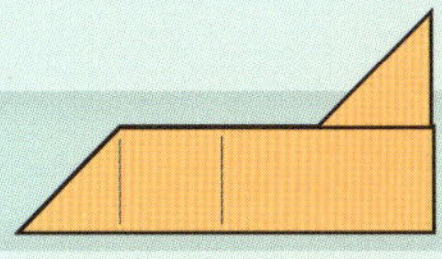

07 여객기 본체 완성.

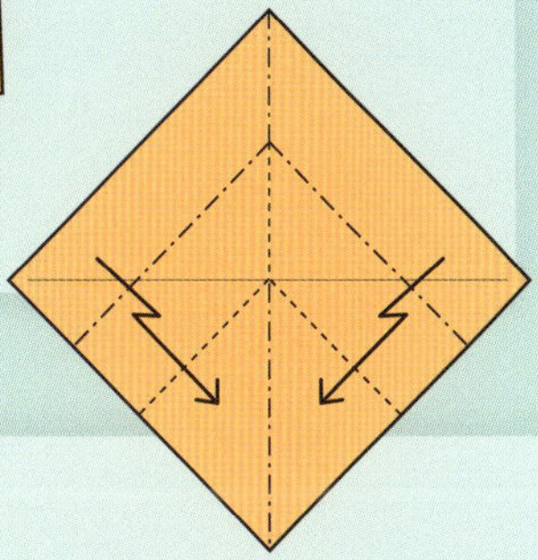

06 계단 모양으로 모아 접고 돌려요.

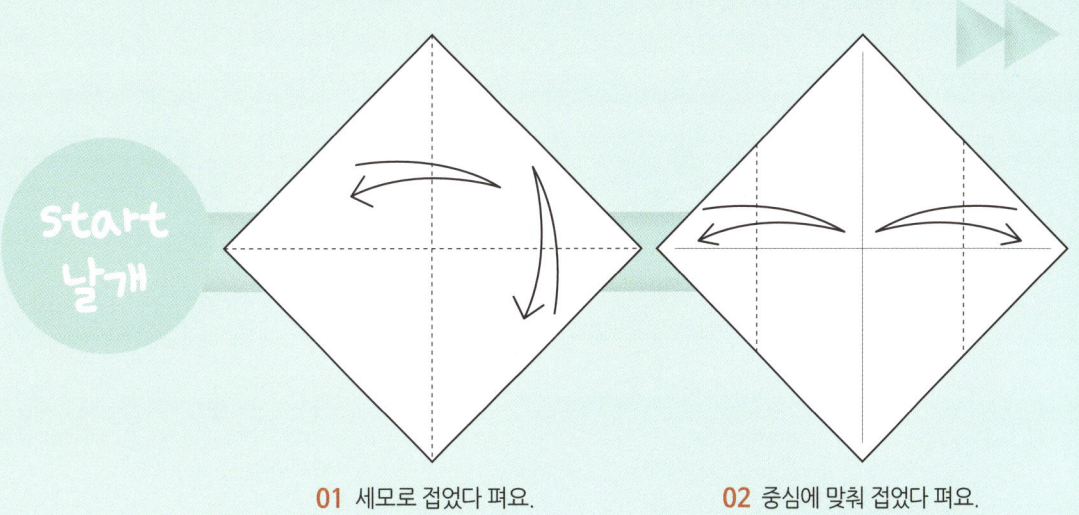

start
날개

01 세모로 접었다 펴요.

02 중심에 맞춰 접었다 펴요.

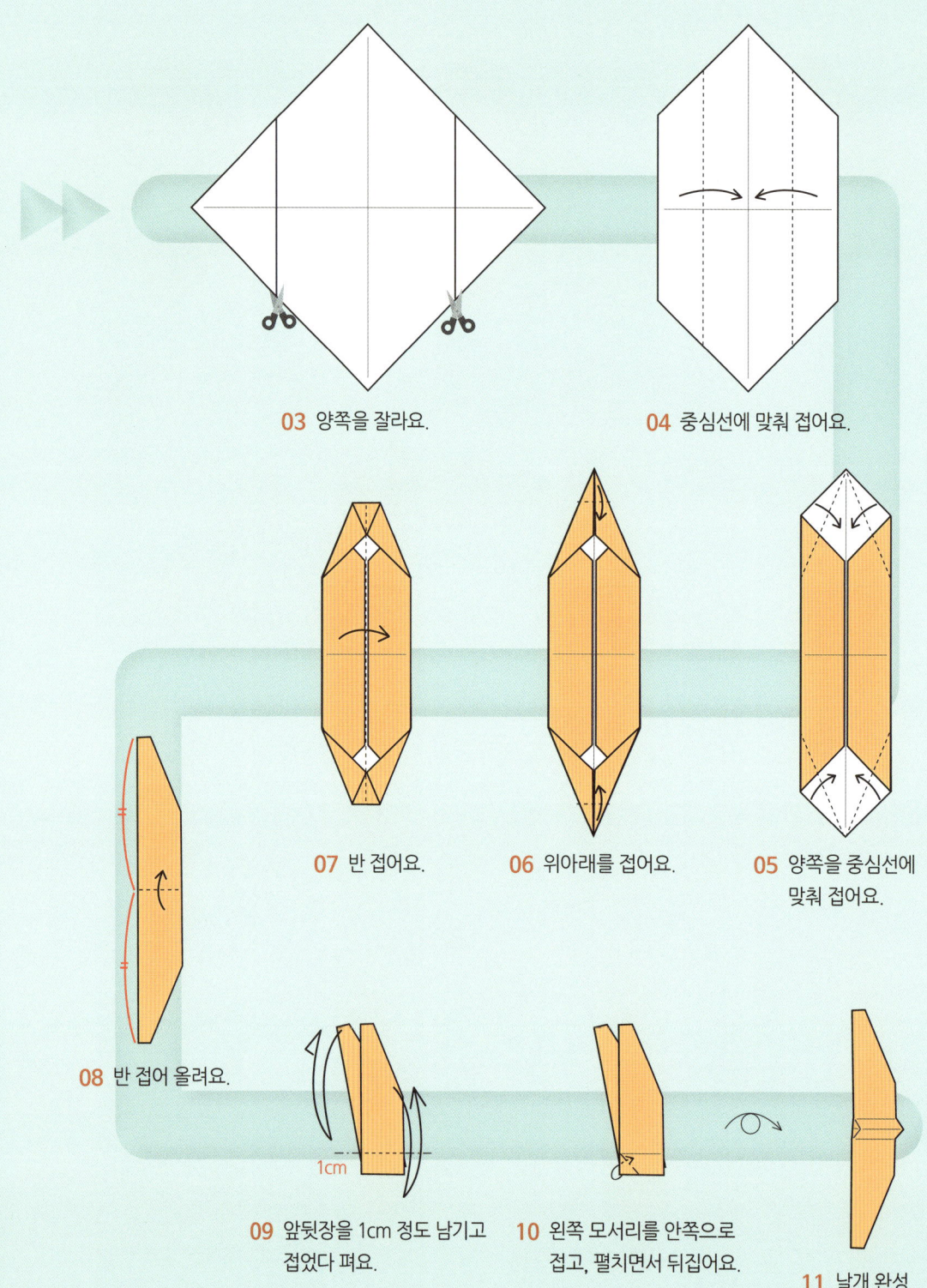

03 양쪽을 잘라요.

04 중심선에 맞춰 접어요.

07 반 접어요.

06 위아래를 접어요.

05 양쪽을 중심선에
맞춰 접어요.

08 반 접어 올려요.

1cm

09 앞뒷장을 1cm 정도 남기고
접었다 펴요.

10 왼쪽 모서리를 안쪽으로
접고, 펼치면서 뒤집어요.

11 날개 완성.

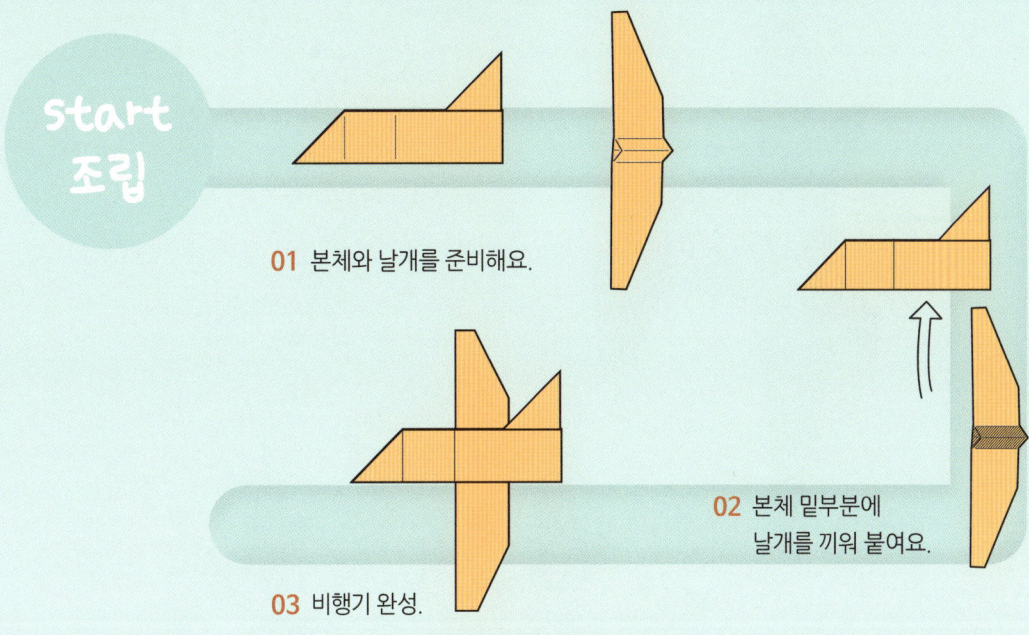

start
조립

01 본체와 날개를 준비해요.

02 본체 밑부분에
날개를 끼워 붙여요.

03 비행기 완성.

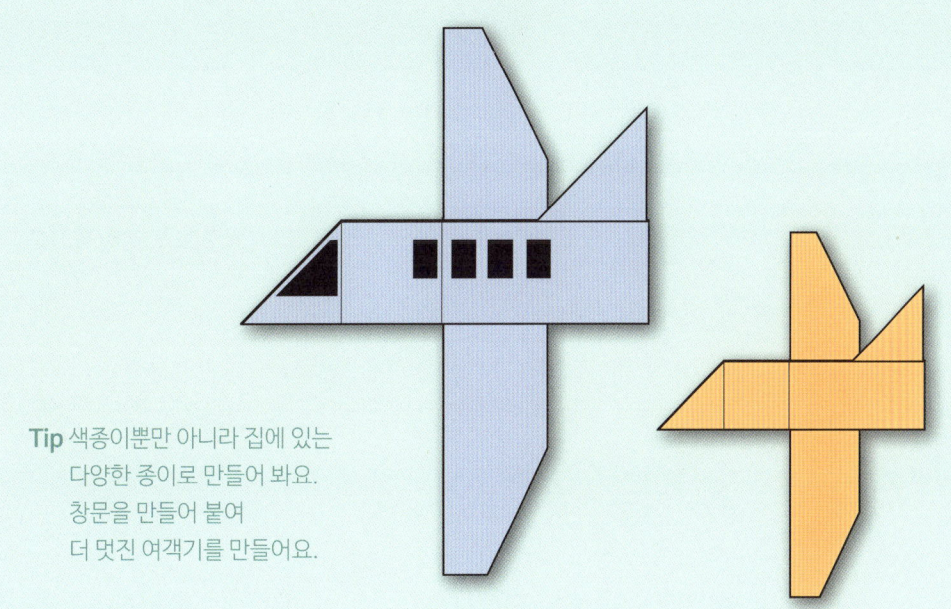

Tip 색종이뿐만 아니라 집에 있는
다양한 종이로 만들어 봐요.
창문을 만들어 붙여
더 멋진 여객기를 만들어요.

제트기

송미령 작가

제트기는 제트 엔진을 사용해 하늘을 날아다녀요.
보통의 비행기처럼 날개에 프로펠러도 없고
헬리콥터처럼 커다란 로터가 돌아가지 않지만
빠르게 날아가는 엔진이 장착되어 있어요.

재료 □ 본체 : 색종이 15×15cm 1장
　　　 □ 꼬리 날개 : 색종이 7.5×7.5cm 1장

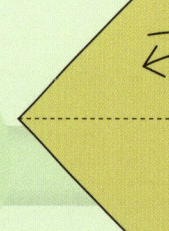

Start
본체

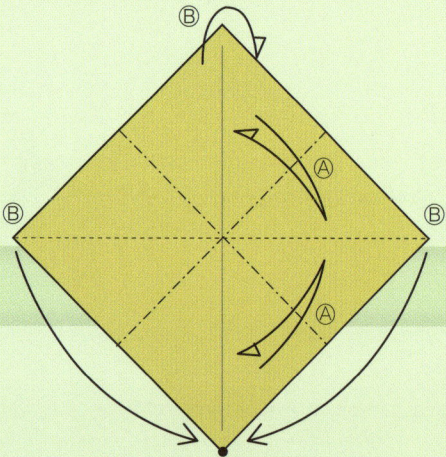

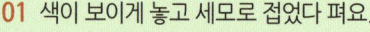

01 색이 보이게 놓고 세모로 접었다 펴요.

02 Ⓐ를 뒤로 접었다 펴고, Ⓑ 부분을
모두 ●에 맞춰 모아 접어요.

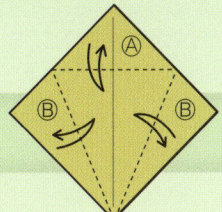

03 Ⓐ를 접었다 펴고, Ⓑ는 앞 장만 접었다 펴요.

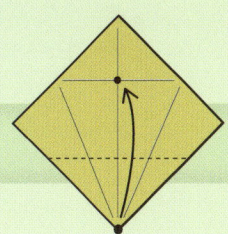

04 ●에 맞춰 윗장만 접어요.

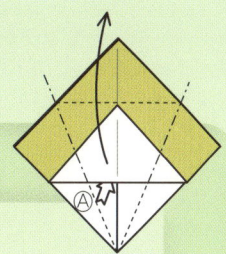

05 Ⓐ 부분에 손을 넣어 위로 펼치며 눌러 접어요.

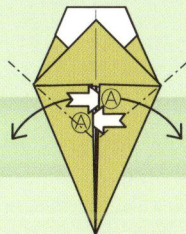

08 Ⓐ 부분에 손을 넣어 양쪽으로 펼치며 눌러 접어요.

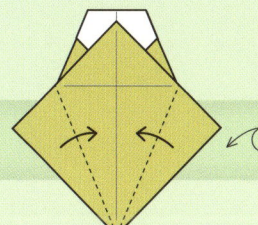

07 중심선에 맞춰 양쪽을 접어요.

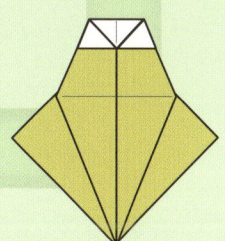

06 뒤집어요.

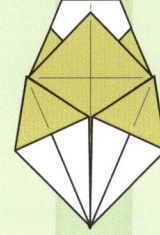

09 뒤집어요.

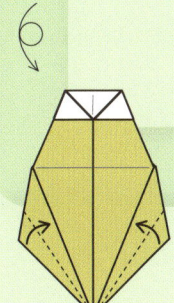

10 양쪽을 접어요.

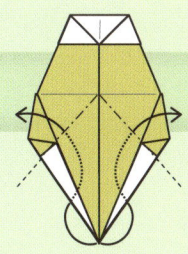

11 양쪽 날개를 안쪽으로 접기해요.

12 접은 모습 확인 후 뒤집어요.

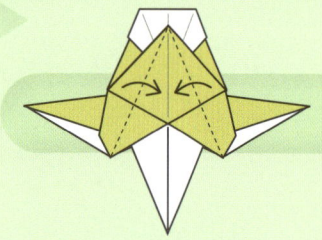

13 양쪽을 접어요.

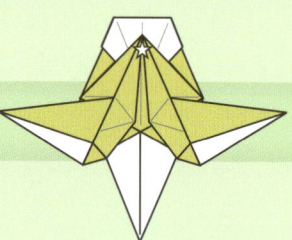

14 윗장(☆)을 뒤쪽 주머니 안으로 끼워 넣어요.

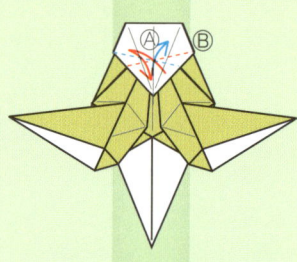

15 붉은색 Ⓐ는 붉은 선에 맞춰 접었다 펴고, 파란색 Ⓑ는 파란 선에 맞춰 접어 올려요.

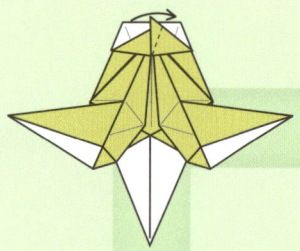

17 꼬리 가운데를 입체로 세우고 뒤집어요.

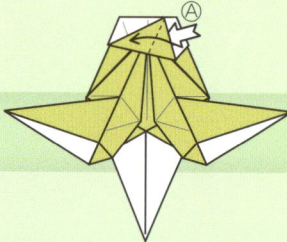

16 Ⓐ 부분에 손을 넣어 15번 Ⓐ의 선자국대로 접으면서 꼬리 모양을 잡아요.

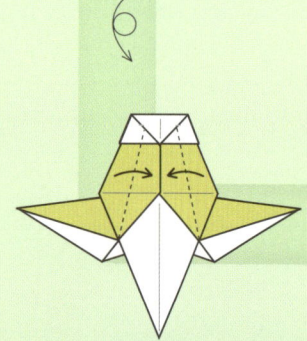

18 중심에 맞춰 접고 뒤집어요.

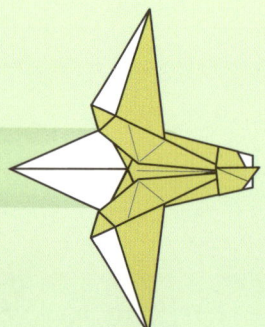

19 본체 완성.

start
꼬리 날개

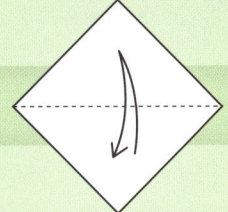

01 세모로 접었다 펴요.

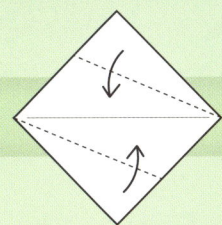

02 중심선에 맞춰 접어요.

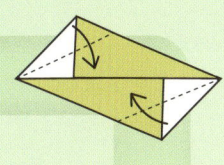

03 중심선에 맞춰 접어요.

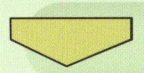

06 꼬리 날개 완성.

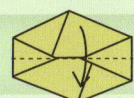

05 반을 접어 내려요.

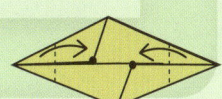

04 모서리를 ●과 만나게
양쪽을 접어요.

start
조립

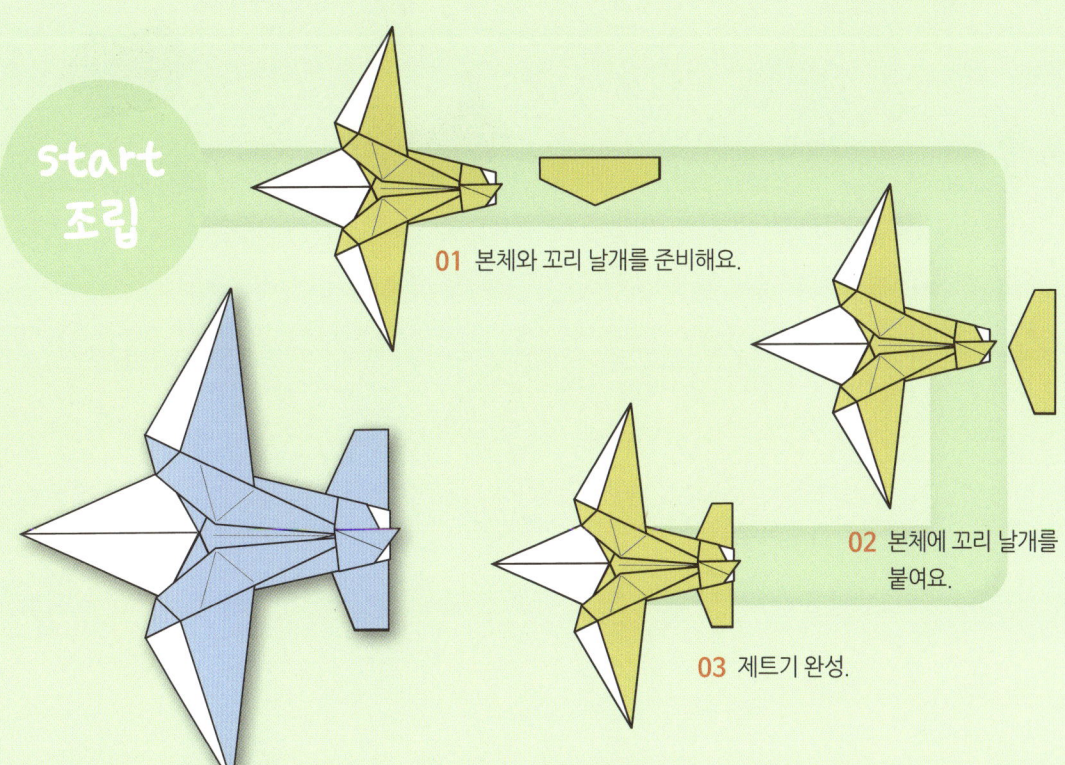

01 본체와 꼬리 날개를 준비해요.

02 본체에 꼬리 날개를
붙여요.

03 제트기 완성.

열기구

송미령 작가

열기구는 커다란 풍선 같은 기구 속에
뜨거워진 공기를 채워 넣어
공중에 떠오르도록 만든 기구예요.
멋진 열기구를 만들어 상상 속의 여행을 떠나 볼까요?

재료 □ 열기구 풍선 : 무늬종이 22×22cm 1장
　　　□ 바구니 : 색종이 15×15cm 1장
　　　□ 줄 10cm 2줄

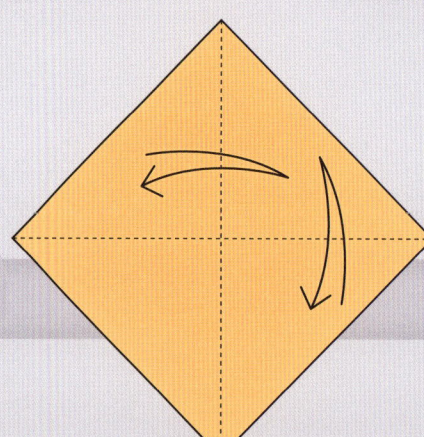

**start
풍선**

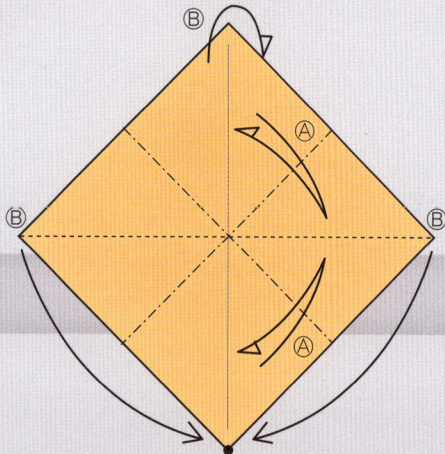

01 색이 보이게 놓고 세모로 접었다 펴요.

02 Ⓐ를 뒤로 접었다 펴고, Ⓑ 부분을 모두 ●에 맞춰 모아 접어요.

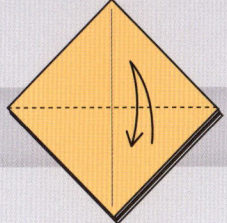

03 윗장만 접었다 펴요.

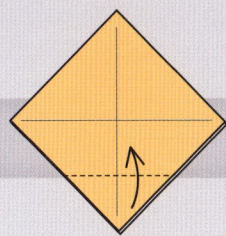

04 윗장만 중심에 맞춰 접고, 뒤쪽도
같은 방법으로 접어요.

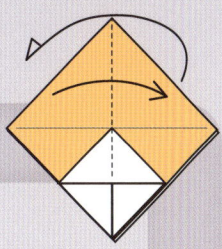

05 앞뒤 각각 한 장씩 접어 넘겨요.

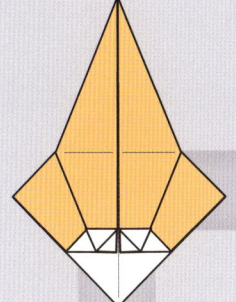

08 뒤집어서 06~07과 같은
방법으로 접어요.

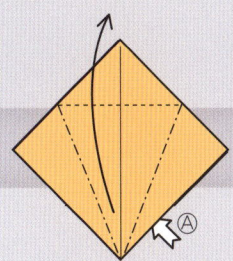

07 Ⓐ에 손을 넣어 위로 펼쳐
눌러 접어요.

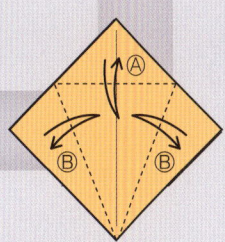

06 Ⓐ를 접었다 펴고, Ⓑ는
앞 장만 접었다 펴요.

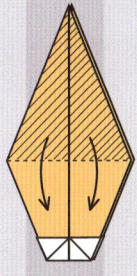

09 앞뒤 각각 빗금친 부분에
풀칠해서 접어 내려 붙여요.

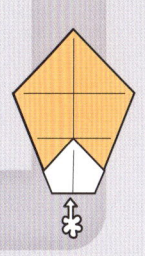

13 풍선 입체 완성.

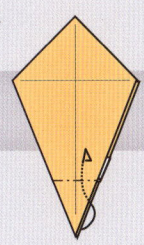

10 앞뒤 각각 바로 뒷장을
감싸서 안으로 접어 붙여요.

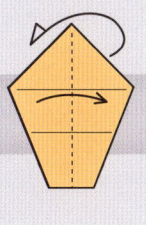

11 앞뒤 각각 한 장씩
접어 넘겨요.

12 평면 풍선 완성. 안쪽을
둥글게 입체로 펴요.

Start
바구니

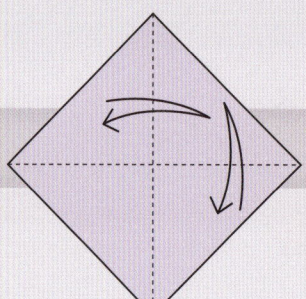

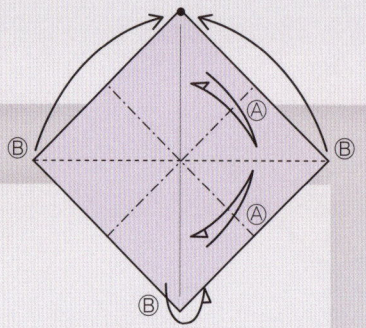

01 색이 보이게 놓고, 세로로 접었다 펴요.

02 Ⓐ를 뒤로 접었다 펴고, Ⓑ 부분을 모두 ●에 맞춰 모아 접어요.

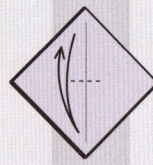

03 윗장만 중심선이 생기도록 접었다 펴요.

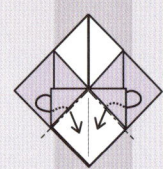

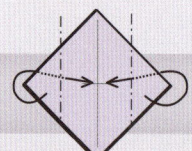

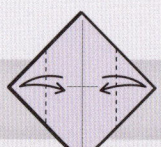

06 앞 장만 접어 내려요.

05 양쪽을 안쪽으로 접어요.

04 윗장만 중심에 맞춰 접었다 펴요.

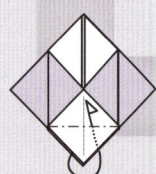

07 안쪽으로 접어요.

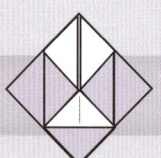

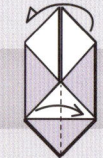

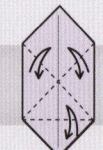

08 뒤로 감싸서 끼워 넣어요.

09 뒤쪽도 03~08까지 같은 방법으로 접어요.

10 앞뒤 각각 한 장씩 접어 넘겨요.

11 모두 접었다 펴요. 뒤쪽도 같은 방법으로 접었다 펴요.

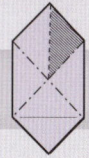

12 앞뒤 각각 빗금친 부분에 풀칠 후
마주 붙이고 안쪽으로 넣어요.

13 바닥과 옆을 펴서
입체로 만들어요.

14 바구니 완성.

**Start
조립**

01 풍선, 바구니, 줄을 준비해요.

03 열기구 완성.

02 풍선을 입체로 만들어 줄을 붙이고
바구니도 붙여요.

로켓

조은주 작가

하늘과 우주 위를 마음껏 날아다니는
로켓이에요.
우주를 비행하는 멋진 로켓을 만들어
아빠와 아이 모두 즐거운 시간을 가져 봐요.

재료 ☐ 로켓 본체 : 색종이 15×15cm 2장
☐ 로켓 불꽃 : 색종이 5×5cm 1장

start
본체

01 세모로 접었다 펴요.

02 중심에 맞춰 양쪽을 접었다 펴요.

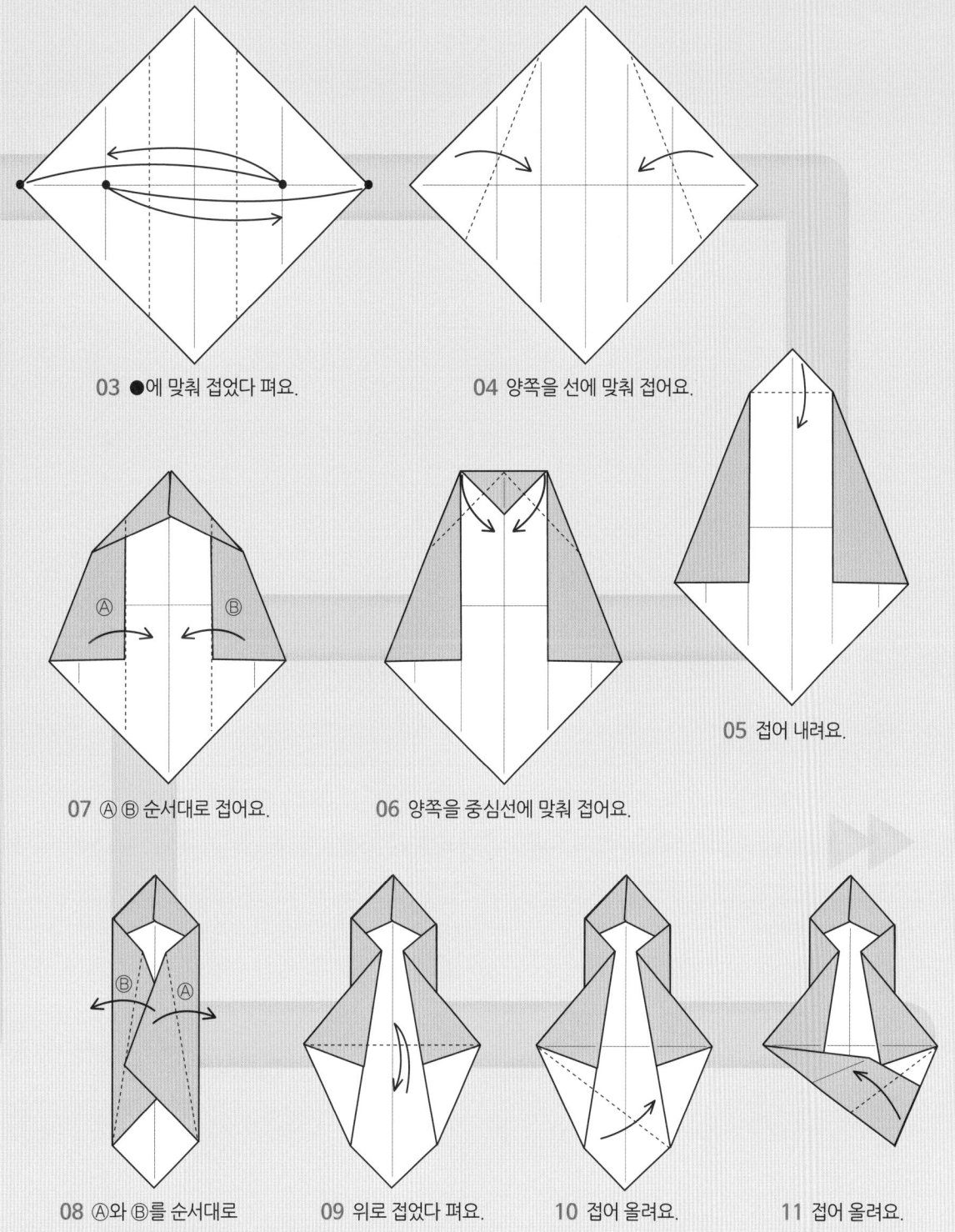

03 ●에 맞춰 접었다 펴요.

04 양쪽을 선에 맞춰 접어요.

05 접어 내려요.

07 Ⓐ Ⓑ 순서대로 접어요.

06 양쪽을 중심선에 맞춰 접어요.

08 Ⓐ와 Ⓑ를 순서대로
선따라 접어요.

09 위로 접었다 펴요.

10 접어 올려요.

11 접어 올려요.

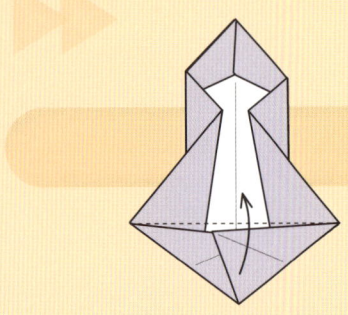

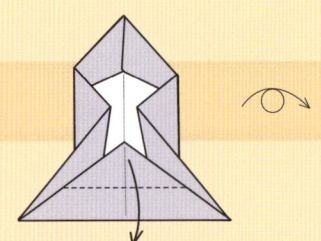

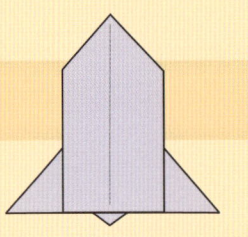

12 접어 올려요.　　　　　**13** 접어 내리고 뒤집어요.　　　　　**14** 본체 완성.

start
윗부분

01~06까지 본체와
같은 방법으로 접어요.

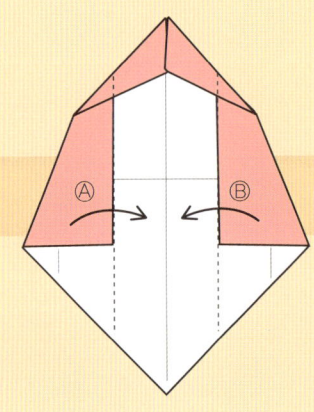

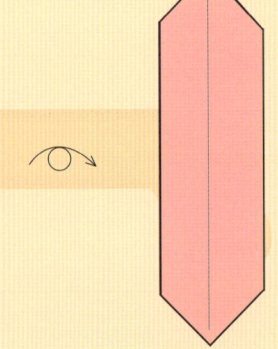

07 양쪽을 Ⓐ Ⓑ 순서대로
접고 뒤집어요.　　　　　**08** 윗부분 완성.

start
불꽃

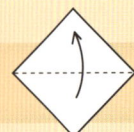

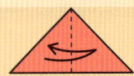

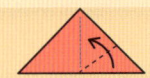

01 세모로 접어요.　　**02** 접었다 펴요.　　**03** 접어 올려요.　　**04** 접어 올리고　　**05** 불꽃 완성.
　　　　　　　　　　　　　　　　　　　　　　　　　　　돌려요.

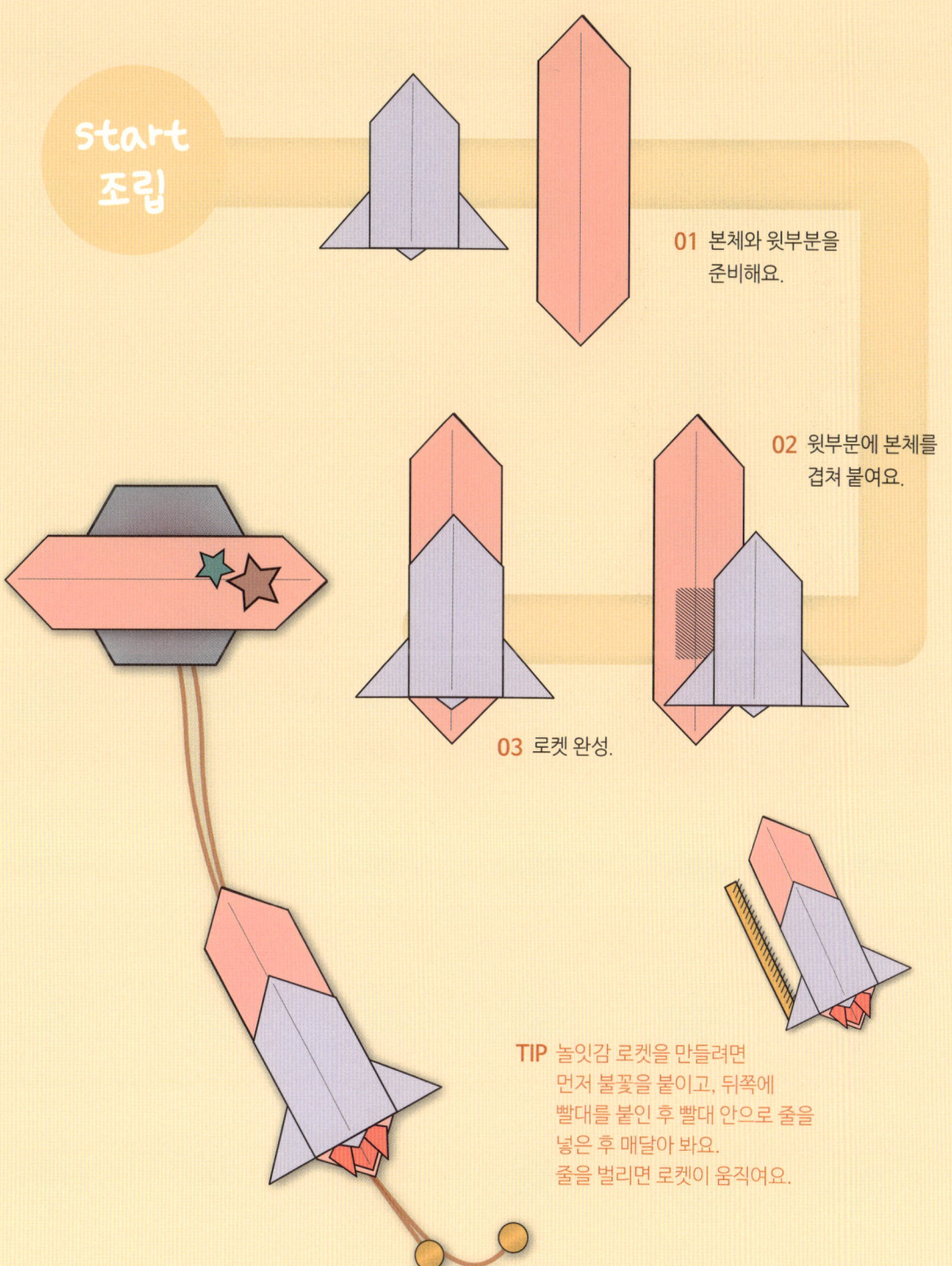

Start
조립

01 본체와 윗부분을
준비해요.

02 윗부분에 본체를
겹쳐 붙여요.

03 로켓 완성.

TIP 놀잇감 로켓을 만들려면
먼저 불꽃을 붙이고, 뒤쪽에
빨대를 붙인 후 빨대 안으로 줄을
넣은 후 매달아 봐요.
줄을 벌리면 로켓이 움직여요.

우주 왕복선

송미령 작가

우주를 탐사하기 위해 쏘아 올리는
우주 왕복선이에요.
우주선과 발사대를 만들어서
멋진 우주 세계를 꾸며 봐요.

재료 □ 우주선 : 색종이 15×15cm 1장
　　　□ 불꽃 : 색종이 7.5×7.5cm 1장
　　　□ 발사대 : 색종이 15×15cm 4장

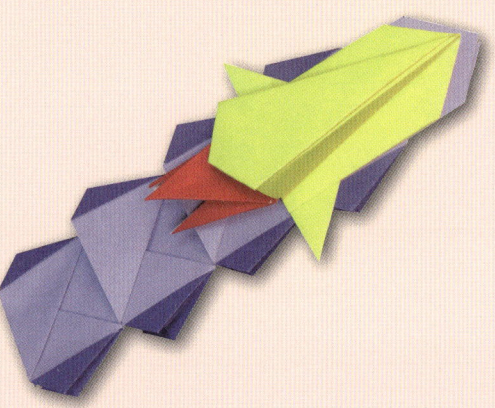

**start
우주선**

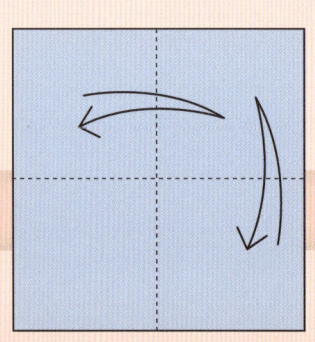

01 색이 보이게 놓고 네모로 접었다 편 후
　　뒤집어요.

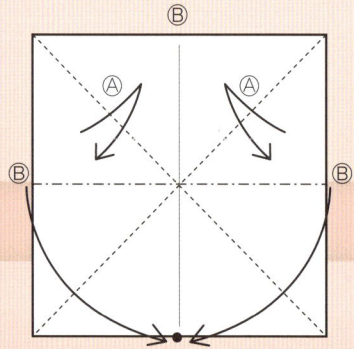

02 Ⓐ를 세모로 접었다 펴고, Ⓑ 부분을
　　모두 ●에 맞춰 모아 접어요.

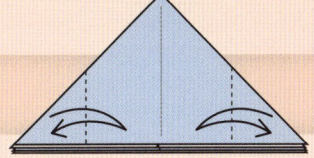

03 앞 장만 중심선에 맞춰 양쪽을
접었다 펴요.

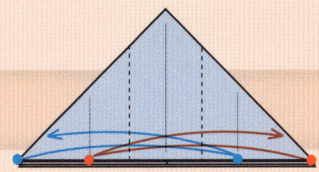

04 앞 장만 같은색 ●에 맞춰 점끼리
접었다 펴요.

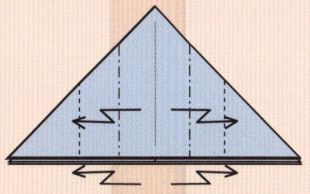

05 앞 장을 입체적으로 계단
모양으로 접어 넣어요.

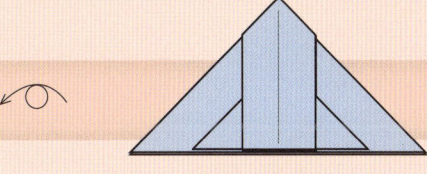

06 뒤집어요.

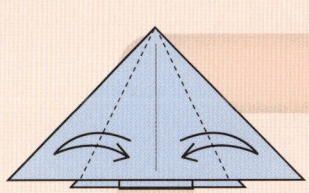

07 중심선에 맞춰 양쪽 모두
접었다 펴요.

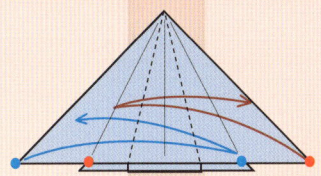

08 같은 색 ●에 맞춰
점끼리 접었다 펴요.

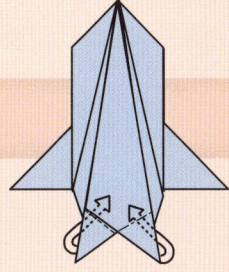

09 옆면의 각을 세워 겹치고 아랫부분을 두 종이
사이에 각각 접어 넣어 입체로 만들어요.

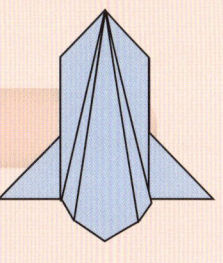

10 우주선 완성.

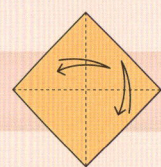

start 불꽃

01 색이 보이게 놓고
세모로 접었다 펴요.

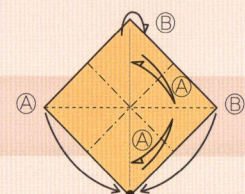

02 Ⓐ를 뒤로 접었다 펴고, Ⓑ 부분을
모두 ●에 맞춰 모아 접어요.

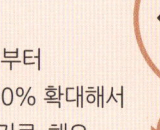

03부터
200% 확대해서
보기로 해요.

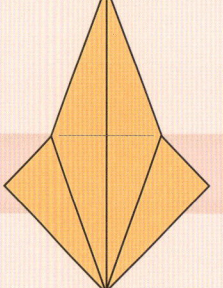

05 뒤쪽도 같은 방법으로
접어요.

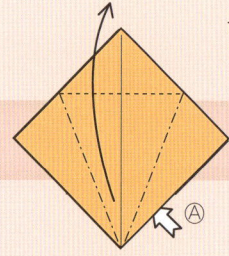

04 Ⓐ에 손을 넣어 위로
펼쳐 눌러 접어요.

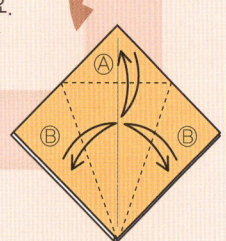

03 Ⓐ를 접었다 펴고, Ⓑ는
앞 장만 접었다 펴요.

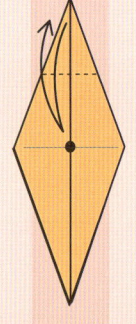

06 ●에 맞춰 윗장만
접었다 펴요.

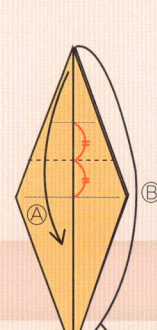

07 Ⓐ는 윗장만 선대로 접어 내리고
Ⓑ는 뒷장을 반 접어 내려요.

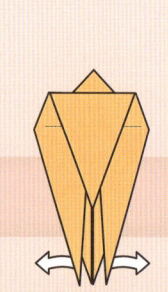

08 양쪽을 살짝 당겨 접고,
뒤집어요.

불꽃 100%
사이즈

09 불꽃 완성.

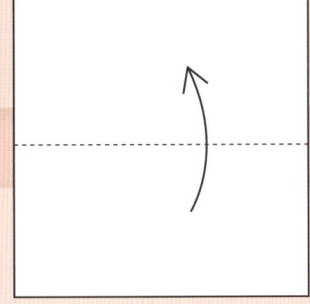

01 반을 접어 올려요.

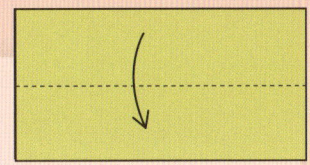

02 윗장만 반을 접어 내려요.

03 윗장만 양쪽 모서리를 접어요.

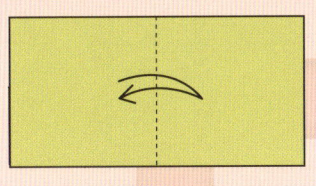

05 반을 접었다 펴요.

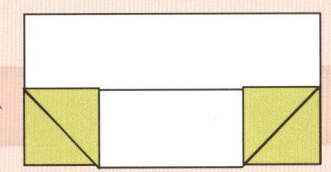

04 뒤집어요.

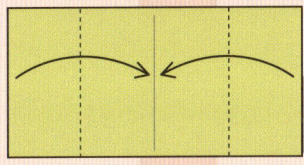

06 중심선에 맞춰 양쪽을 접어요.

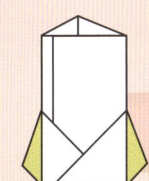

11 기본 발사대 1개 완성.
3개를 더 접어요.

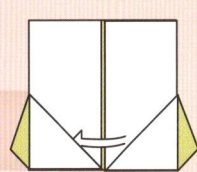

10 주머니 안에 끼워 넣어
삼각기둥으로 만들어요.

07 Ⓐ 부분에 손을 넣어 양옆
방향으로 펼치며 눌러 접어요.

08 양쪽 모두 선대로 접었다 펴요.

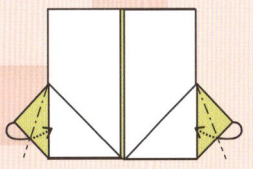

09 양쪽 모두 안쪽으로 접어요.

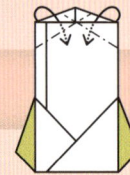

01 발사대 1개의 윗부분 모서리를
접어 넣고 안쪽으로 붙여요.

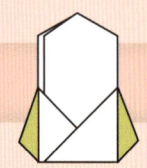

02 윗부분 완성.

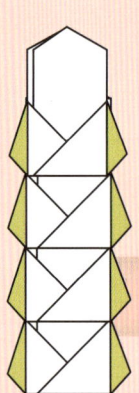

04 윗부분을 끼워
발사대 완성.

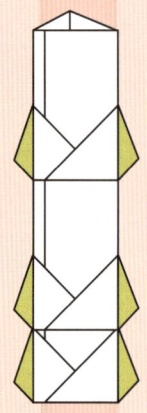

03 기본 발사대 3개를
겹쳐 끼워요.

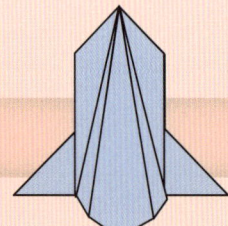

01 우주선, 불꽃, 발사대를 준비해요.

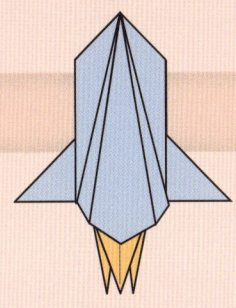

02 우주선 안쪽에 불꽃을
끼워 붙여요.

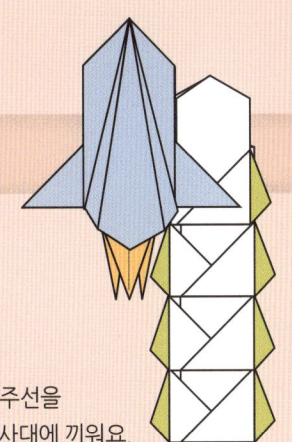

03 우주선을
발사대에 끼워요.

04 완성.

TIP 완성된 우주선에 스트로를 넣고
힘차게 불어 봐요.
재밌는 놀잇감이 돼요.

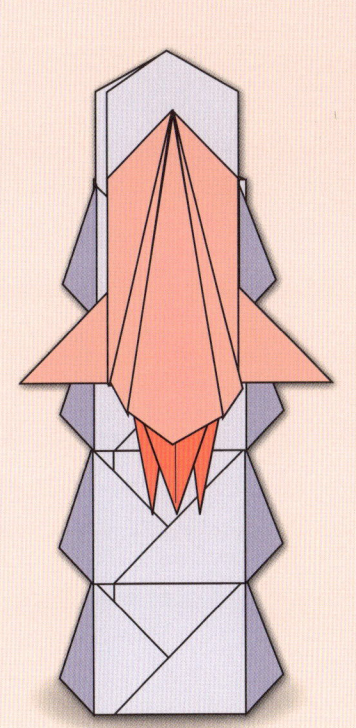

TIP 다양한 종이와 크기로
크고 작은 우주 왕복선을
만들어 봐요.

UFO

조은주 작가

우주에는 어떤 물체들이 있을까요?

외계인은 무엇을 타고 다닐까요?

호기심 가득한 세계로 떠나 볼까요?

우주를 날아다니는 UFO를 만들어 봐요.

재료 □ UFO 윗부분 : 색종이 10×10cm 6장
　　　□ UFO 아랫부분 : 색종이 10×10cm 8장

**Start
윗부분**

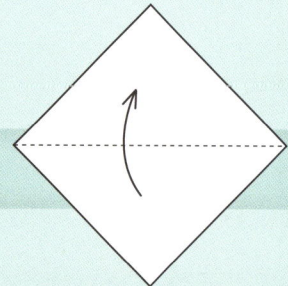

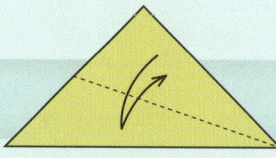

01 세모로 접어 올려요.

02 윗장만 접었다 펴요.

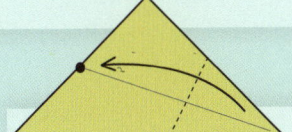

03 모서리를 ●에 맞춰 접어요.

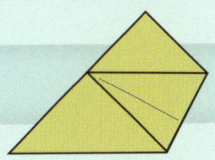

04 같은 방법으로 6장을 접어요.

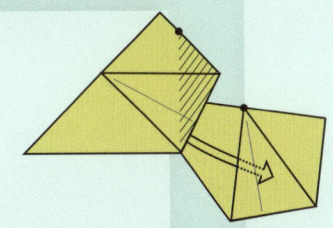

05 빗금 부분에 풀칠해서 같은
●끼리 만나게 끼워요.

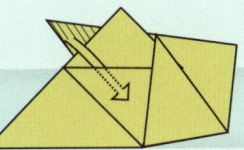

06 풀칠해서 끼워 넣어요. 다른 5장도
같은 방법으로 끼워 넣어요.

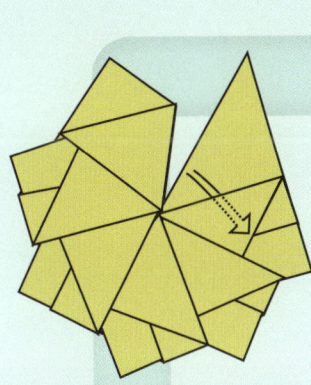

07 6장을 연결하여 오목하게
조립해요.

10 완성.

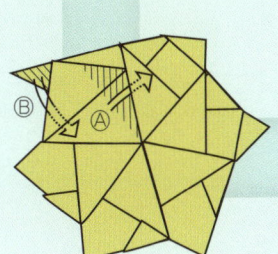

08 입체 확인 후 Ⓐ부분을 풀칠하고,
Ⓑ를 끼워 넣고 뒤집어요.

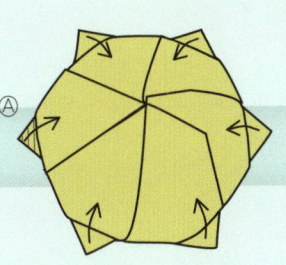

09 Ⓐ부분을 풀칠해서 윗장만 올려 붙여요.
나머지 다섯 면도 똑같이 풀칠하여 붙여요.

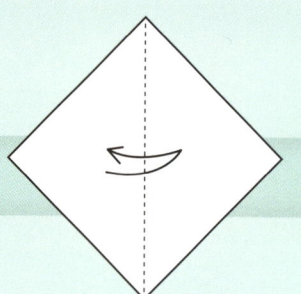

01 세모로 접었다 펴요.

02 중심선에 맞춰 접어요.

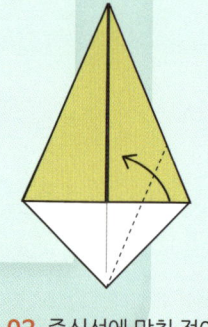

03 중심선에 맞춰 접어요.

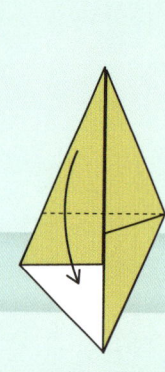

04 반 접어 내려요. 같은
방법으로 7장 더 접어요.

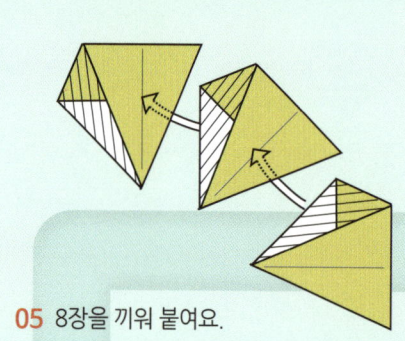

05 8장을 끼워 붙여요.

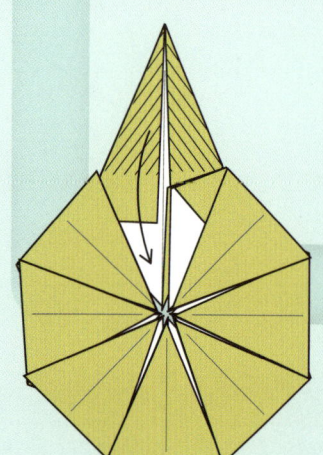

06 마지막도 붙여요.

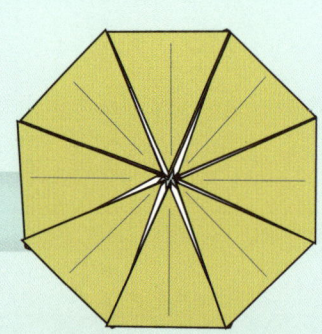

07 아랫부분 완성.

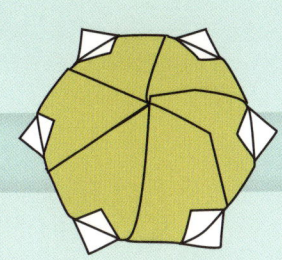
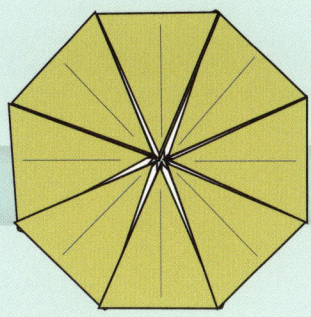

01 윗부분, 아랫부분을 준비해요.

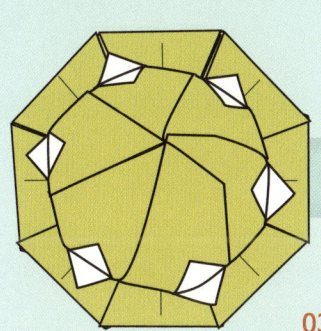
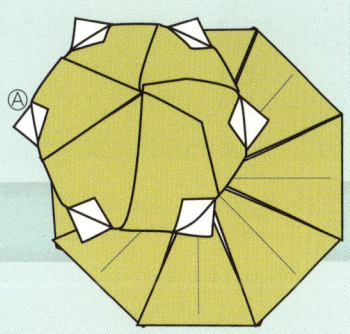

03 UFO 완성.

02 Ⓐ 부분을 아랫부분에 붙이고,
나머지도 같은 방법으로 붙여요.

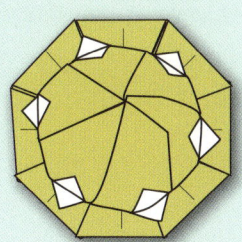
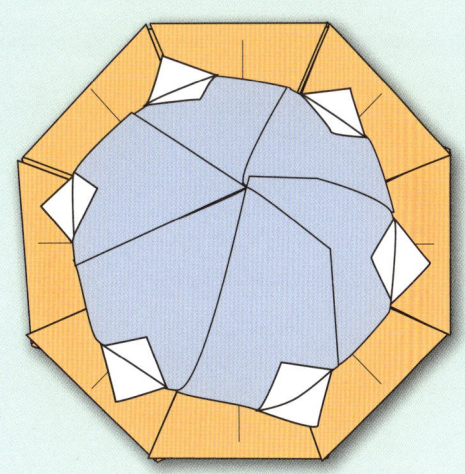

Tip 색종이가 아닌 반짝이는 종이로 만들면
좀 더 색다른 UFO를 만들 수 있어요
(종이를 비례에 맞춰 키우거나 줄이면
다양한 크기의 UFO를 만들 수 있어요).

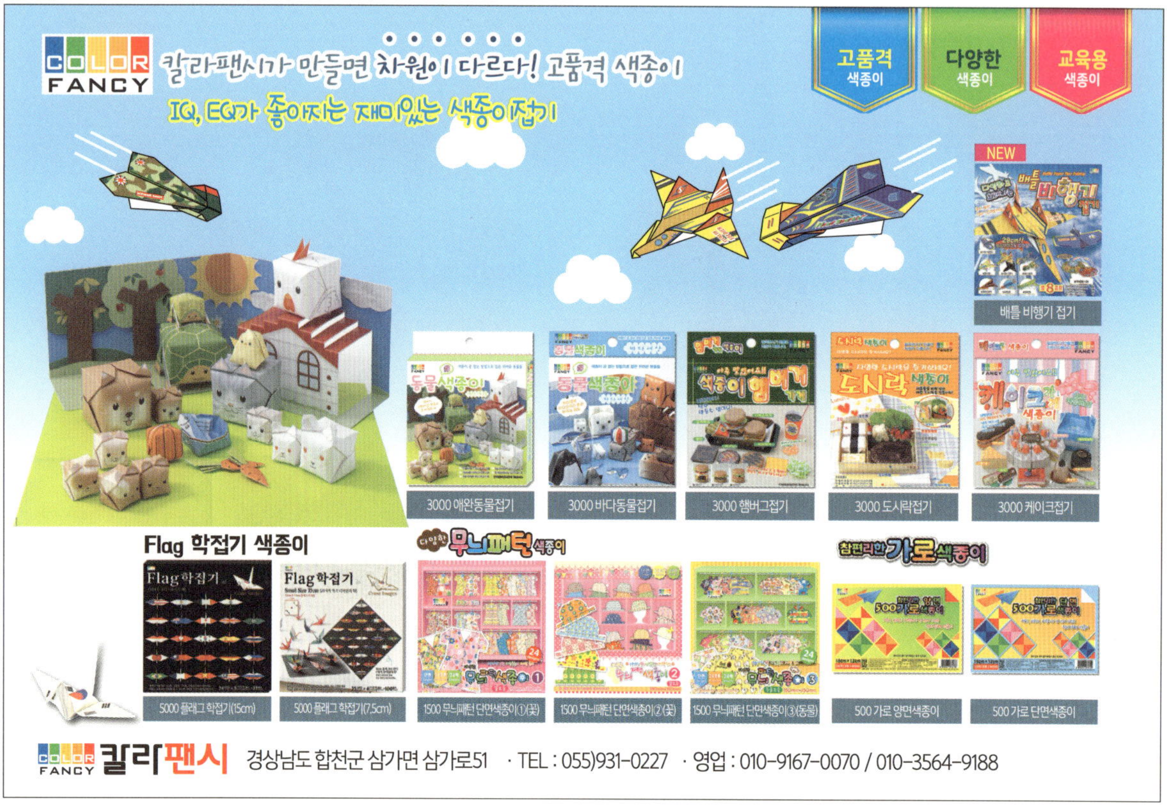
COLOR FANCY
칼라팬시가 만들면 차원이 다르다! 고품격 색종이
IQ, EQ가 좋아지는 재미있는 색종이접기
고품격 색종이
다양한 색종이
교육용 색종이
NEW
배틀 비행기 접기
3000 애완동물접기
3000 바다동물접기
3000 햄버그접기
3000 도시락접기
3000 케이크접기
Flag 학접기 색종이
5000 플래그 학접기(15cm)
5000 플래그 학접기(7.5cm)
다양한 무늬패턴 색종이
1500 무늬패턴 단면색종이①(꽃)
1500 무늬패턴 단면색종이②(꽃)
1500 무늬패턴 단면색종이③(동물)
참편리한 가로색종이
500 가로 양면색종이
500 가로 단면색종이
COLOR FANCY 칼라팬시 경상남도 합천군 삼가면 삼가로51 · TEL : 055)931-0227 · 영업 : 010-9167-0070 / 010-3564-9188

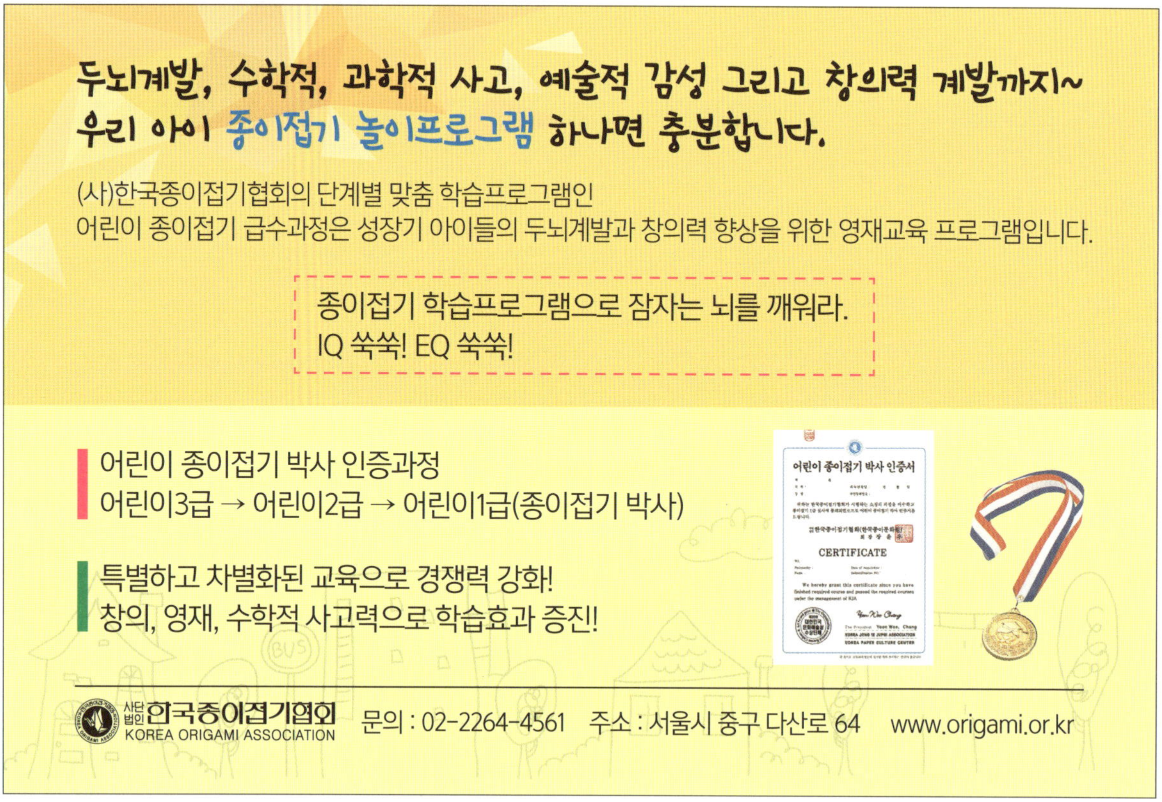
두뇌계발, 수학적, 과학적 사고, 예술적 감성 그리고 창의력 계발까지~
우리 아이 종이접기 놀이프로그램 하나면 충분합니다.
(사)한국종이접기협회의 단계별 맞춤 학습프로그램인
어린이 종이접기 급수과정은 성장기 아이들의 두뇌계발과 창의력 향상을 위한 영재교육 프로그램입니다.
종이접기 학습프로그램으로 잠자는 뇌를 깨워라.
IQ 쑥쑥! EQ 쑥쑥!
어린이 종이접기 박사 인증과정
어린이3급 → 어린이2급 → 어린이1급(종이접기 박사)
어린이 종이접기 박사 인증서
CERTIFICATE
특별하고 차별화된 교육으로 경쟁력 강화!
창의, 영재, 수학적 사고력으로 학습효과 증진!
사단법인 한국종이접기협회 KOREA ORIGAMI ASSOCIATION
문의 : 02-2264-4561 주소 : 서울시 중구 다산로 64 www.origami.or.kr

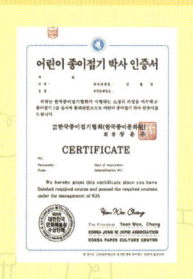

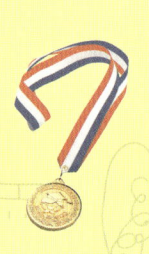

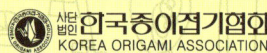

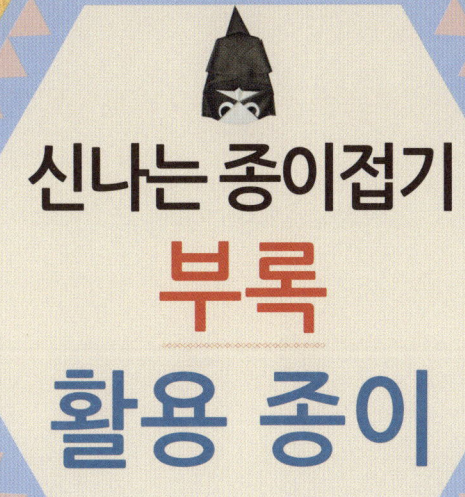

신나는 종이접기
부록
활용 종이